新潮新書

島田裕巳
SHIMADA Hiromi

世界の宗教がざっくりわかる

415

新潮社

はじめに

18世紀の後半から19世紀にかけて、欧米の先進国を中心に近代化という事態が起こったとき、将来は科学の時代となり、合理性を欠き迷信に近い宗教はやがて衰退していくものと予測された。その予測はたしかに的中した。先進国では、宗教が社会的な影響力を失う「世俗化」という事態が進行している。

しかし、そこに宗教のしたたかさがあるとも言えるが、いくら科学が発展しても宗教が地上から消滅してしまったわけではなかった。

グローバル化や、それと並行する高度な情報化が進展することで、近代化を推進する主体となってきた国民国家は衰退し、国家の庇護を受けられない人々を統合する受け皿として宗教の果たす役割は、かえってその重要性を増している。あるいは、従来の既成の宗教に代わって、新しい宗教が勢力を拡大するという現象も起きた。とくに新興国や産油国が力をつけ、経済発展をとげるようになると、宗教の著しい復興という事態が起こるようになったのだ。

たとえば、BRICs（ブリックス）の一翼を占めるブラジルは南米におけるカトリックの牙城だが、近年では奇跡信仰を強調するプロテスタントの福音派が中下層を中心に伸びている。日本ではふるわなくなった新宗教の生長の家も、ブラジルでは250万人もの信者を獲得している。

宗教の復興という事態が起こったことで、それは世界の動向に対してさまざまな影響を与えるようになった。

そのもっとも顕著なあらわれとしては、アメリカでの同時多発テロなどに代表されるイスラム教原理主義過激派による無差別テロがあげられる。その後、世界中でテロが頻発し、自爆テロという手段が用いられたことで、その被害は拡大した。もし自爆テロに「殉教」という宗教的な意味が与えられなかったとしたら、それが頻発することはなかったに違いない。

あるいは、聖書の教えを文字通りに実践しようとするキリスト教原理主義は、とくにアメリカの中西部にその勢力を伸ばしてきた。それは共和党の保守的な政治基盤となり、レーガン政権を誕生させて以降、アメリカの政治に強い影響力を発揮するようになった。

利子を否定するイスラム金融がイスラム諸国で採用され、欧米の金融機関のなかにも、そのシステムを取り入れるところがでてきたのも、その背景に、イスラム法である「シャリーア」に忠実であろうとする原理主義の台頭があるからである。

中国でも、驚異的な経済成長が続くなかで、その恩恵に与かれない人間を救済する役割を果たすものとして、法輪功のような新宗教が瞬く間にその勢力を拡大した。法輪功は中国当局によって弾圧されたものの、キリスト教の地下教会などは信者を増やしている。また、一時その力を失っていた仏教が国民の関心をふたたび集めるようになり、伝統のある仏教寺院などは活況を呈するようになってきた。

宗教は、たんにその教えを伝え、儀礼を実践させるだけのものではない。それは、特定の宗教を信仰する人々のこころのなかにまで影響を与え、個人の物の見方、世界観を形作る役割を果たす。その面は無視できない。

「神の見えざる手」の働きを強調する市場原理主義の背後には、この世界を創造した唯一絶対の神への信仰がある。市場原理主義ということば自体、１９９０年代の終わりに宗教的な原理主義の台頭を背景として生み出されてきたものである（この点については、拙著『金融恐慌とユダヤ・キリスト教』文春新書を参照）。

一方で、神道や仏教あるいは中国の宗教の強い影響を受けてきた私たち日本人には、強大な力をもち、世界の動向に決定的な影響力を与える神への信仰は形成されていない。その点は、近代化が進み、西欧文明の影響を長年にわたって受けてきても変わらなかった。宗教によって形成された物の見方、世界観は、そう簡単には変化していかないのである。

グローバル化が進み、宗教の重要性が増してきた現代に生きる私たちは、宗教の存在を無視することはできない。また、宗教についてしっかりとした知識と認識をもつことが必要になっている。

ところが、「無宗教」を標榜する日本人は、宗教について十分な知識をもちあわせていない。そのために、宗教をどうとらえるべきなのか、明確な認識ができていないのである。

実はそれは、日本人にかぎらず世界中のどの国の人間にも当てはまることである。一つの宗教が社会全体を覆い尽くしているような国、地域では、自分たちの信仰する宗教については知っていても、他者が信仰する宗教についてはほとんど知らない。ただそれを敵視したり、無視したりするだけである。

だがグローバル化は、自分とは異なる宗教をもつ他者と日常的なかかわりをもたざるを得ない状況を生んだ。日本国内にも、しだいに日本人とは異なる信仰をもつ人々が生活するようになってきた。そうした人々をあくまで「隣人」として円滑な関係を確立するには、他者の宗教についても一定の知識と認識をもたなければならなくなっている。こうした点も、日本人に限らず、世界中の人間に求められている。

いったい宗教とは何なのか。

本書は、この問いに対する筆者なりの回答である。新書のような形式の本において、このような根源的な問いに答えようというのは無謀なことかもしれない。しかし、この試みには先達がいる。

現代の宗教をめぐる研究の動向にもっとも強い影響力を発揮してきたのは、ルーマニア生まれの宗教学者・宗教史家のミルチア・エリアーデであり、彼の宗教理解の方向性である。エリアーデの名は日本でも広く知られている。

エリアーデ自身は１９８６年に亡くなっているが、最後にもっとも重要な著作として『世界宗教史』（原題は『宗教的信仰と観念の歴史』）を残した。『世界宗教史』は全３巻におよび、１９７６年に第１巻が刊行された後、78年に第2巻が、そして83年に第3巻が刊行された。いずれも分厚い単行本で、詳細な注をともなっている。

ただしエリアーデは、高齢だったこともあり、世界の宗教史全体を叙述することはできなかった。そのため後に、同じルーマニア人でエリアーデの愛弟子に当たるヨアン・ペトル・クリアーヌが中心になって、エリアーデの筆が及ばなかった部分を、複数の筆者が補った第4巻が１９９１年にドイツ語版として刊行されている。

この第4巻を含めた日本語版が筑摩書房から刊行されたのは、１９９１年から98年にかけてのことだった。これは後に全部で8冊に分冊され、ちくま学芸文庫から再刊された。筆者もこの翻訳の作業に参加し、単行本の第2巻の前半（文庫版の第3巻）を担当している。翻訳自体、第1巻の刊行まででも7年に及ぶ長期戦になった。

エリアーデは第1巻の冒頭に「序文」を書き、『世界宗教史』の成立過程について言及しているが、そのなかで、この大著とは別に「長年のあいだ、私は数日中に読みおえることができるような短く簡明な著書を構想してきた」と述べている。なぜそうした書物を構想したかと言えば、「一気に通読すれば、何にもましてもろもろの宗教現象の基本的統一性と、同時にそれらの宗教的表現の汲みつくしえない新しさがあきらかになるからである」（傍点著者）というのである。

だが残念ながら、一気に読み終えることができる『世界宗教史』のコンパクト版にあたるような本は、エリアーデの手によってもクリアーヌの手によっても刊行されなかった。

翻訳に携わって以来、私にはずっとこのエリアーデの構想のことが気にかかっていた。というのも、すでに述べたように、エリアーデの死後、現代の世界における宗教の重要性は年を追うごとに増しており、宗教についての知識と認識が現代人にとって必須のものになってきたからだ。もしコンパクト版『世界宗教史』が刊行されていたならば、世界中の人々が共通に参照すべき現代の基本文献になっていたことだろう。

そもそも宗教について説明を加えるという作業は、想像以上に難しいものを含んでいる。というのも、そこにはどうしても信仰というひどく厄介なファクターがかかわってきてしまうからである。

宗教について研究したり、それを論じる人間は、何らかの信仰をもっていることがほとんどである。強い信仰をもっている場合も少なくない。ところが特定の信仰をもつ人間は、自分たちの信仰に価値があり、そこにこそ真実があると考える。そして、その宗教における世界観や宇宙観をもとに他の宗教を分析し、評価しようとする。

エリアーデでさえ、『世界宗教史』のなかで客観的な記述を目指してはいるものの、彼が育った東ヨーロッパにおけるキリスト教のあり方が強く影響し、そこに宗教の理想を見いだそうとする傾向がある。

エリアーデは教会の権威とは離れ、民衆に受け入れられてきた信仰として「宇宙的キリスト教」という概念を持ち出してくるが、そこには彼自身の宗教観が色濃く反映されている。それは、彼が理想とする宗教の姿であるとも言える。なぜそれがキリスト教でなければならないのか。特定の信仰をもつ立場から描き出された宗教の姿が果たして客観性をもちうるものなのかどうか、どうしても疑問は残る。

筆者を含め、無宗教を標榜する日本人も、日本の風土に根づいてきた宗教文化の影響を受け、特定の宗教観を形成している。だが、明確な信仰をもっているという場合と、特定の信仰をもたないという場合とではやはり違う。他の宗教を客観的、中立的に説明していく上では、特定の信仰をもつことは邪魔になる。逆に無宗教であることによって公平な立場を確保しやすいはずだ（日本人の無宗教については、拙著『無宗教こそ日本人の宗教である』角川ｏｎｅテーマ21を参照）。

この本においては、そうした日本人の利点を生かし、あくまで客観的、中立的な立場から世界の宗教を見ていくことをめざした。少なくとも、価値判断をまじえないよう、その点には留意した。

日本人のなかには、一神教と多神教とを対比させ、一つの神をもっぱら信仰する一神教の排他性を批判的にとらえ、多くの神々を同時に信仰する多神教の寛容性を評価しようとする傾向がある。しかしそれも特定の宗教観にもとづく偏った見方である可能性がある。そこから離脱することは本書の重要なテーマでもある。

この本でめざしたのは、あるべき宗教の姿を提示することではない。世界の宗教が全体としてどういったものなのか、それを分かりやすい形で描き出すことに尽きる。

一つ、この本におけるエリアーデの影響をあげるとすれば、それはイランの宗教の重要性を強調した部分である。筆者は『世界宗教史』の翻訳の作業にかかわるなかで、その点を学んだ。ゾロアスター教やマニ教といったイランの宗教を視野に入れなければ、それよりも西側の地域の宗教世界を理解することはできないし、東側の宗教世界を理解することもできない。

マニ教などは、実際の宗教勢力としては消滅していったものの、その二元論的な宗教観、世界観は現在でも世界の宗教に強い影響を与えている。宗教的なテロリストも、反テロ戦争の政治的な指導者も善悪二元論に囚われてしまっている。彼らは広い意味でのマニ教徒であるとも言える。

一般の人たちが宗教について学ぶ機会は限られている。まして世界の宗教の全体像を学べる機会はほとんどない。これまでも世界の宗教について個別に説明を加えるような本は出版されてきたが、統一的な観点から世界の宗教を見ていくようなものはなかったように思う。その点で、この本はかなり野心的な試みであり、筆者としては、そこに自負がある。

(なお、カタカナ表記について最近の各学界では、原語に忠実であろうとする傾向が強い。たとえば「イスラム教におけるアッラー」ではなく、「イスラムにおけるアッラーフ」といった表記の仕方である。ただ、専門家ではない一般の読者を想定する本書では、主に従来の表記によった)

世界の宗教がざっくりわかる●目次

はじめに　3

I　一神教と多神教は対立するか——一神教の系譜　19

西洋は「神」、東洋は「無」

†ユダヤ教

金融業への進出／祖国を失ったことで残った民族と宗教／ユダヤ人はなぜ迫害されたのか／マルクスと終末論

†キリスト教

ミッション・スクールの影響力／出家者のいる宗教は珍しい／聖なる世界だけを律する／イエスの教えを知らなかったパウロ／多神教への変質／教会の絶対的な権威／救済の方法がないプロテスタント

†イスラム教

モーセもキリストも出てくるコーラン／ムハンマドは聖徳太子と同時代人／神道との共通性／「イスラム教聖職者」は存在しない／顔が描けないムハンマド／二つの一神教が起こした

「文明の衝突」

†東と西をつなぐイランの宗教

消えた宗教／植物の根すら抜いてはならない／一神教は根本的に矛盾している／そして二元論が残った

II

仏教はなぜヒンズー教に負けたのか——アジアの宗教

信者数では決まらない「三大宗教」

†バラモン教

西洋が生んだバラモン教・ヒンズー教・カースト／神々の交代劇／生きることは苦である

†仏教

出家が築いた壮大な哲学体系／釈迦の生涯／すべての仏典は「偽経」である／煩悩はなぜ生じるか／あらゆるものは救われる／仏像の誕生

†ヒンズー教と密教

増え続ける神々／性的な力への信仰／密教が仏教を消滅させた

✝中国の宗教
思想なのか、宗教なのか／現世中心主義の国民性／変容し続ける中国仏教
✝伝播するヒンズー教と仏教
インド、中国からアジア各地へ／豊かな宗教世界

III 日本人は「無宗教」か――日本の宗教 182
特異な伝統の裏返し／中国の最新流行に学ぶ／からみあう神道と仏教／廃仏毀釈が生んだ無宗教と新宗教／都市化で廃れる葬式仏教

終 いま世界の宗教は 203
宗教回帰の時代／クリスチャン＝原理主義／対立を起こさない仕組み

おわりに 215

I　一神教と多神教は対立するか——一神教の系譜

西洋は「神」、東洋は「無」

日本では、一神教と多神教とが対立するものと考えられている。一神教ではもっぱら一つの神だけが信仰の対象になるために、他の神々が排除され排他的な傾向が生まれる。それに対して、多神教では多様な神々が信仰の対象となり、そこに優劣がつけられないために、異なる信仰に対しても寛容である。そのような理解のもとに、一神教が批判の対象にされることが多い。

さらに、そこには「砂漠の宗教」と「森の宗教」の対立といった風土論が重ね合わされる。一神教は自然環境が厳しい砂漠で生まれたために信仰に対して厳しく、豊かな自然に恵まれた森のなかで育まれた多神教とは性格が異なるというわけである。こうした一神教と多神教との対比には、八百万《やおよろず》の神を信仰する点でまさに多神教に分類される日本の宗教を、その寛容性において高く評価しようとする価値判断が強く働いている。

しかし、この対立、対比が果たして有効で適切なものなのかどうか、そもそも事実にもとづくものなのかどうかは再検討の余地がある。砂漠の一神教の典型とされるのはイスラム教だが、それは砂漠のなかのオアシスにある都市に生まれた宗教であって、単純に砂漠の宗教とは言えず、むしろ「商売人の宗教」としてとらえるべきだという見解もある（井筒俊彦『イスラーム文化』岩波文庫）。

また、一神教のなかに多神教的な側面を見出すこともできる。キリスト教の三位一体の教義においては父と子と聖霊が一体であるとされるが、その考え方に多神教的な神観を見出すことができる。

実際キリスト教では、時代を経るにつれて聖母マリアに対する信仰が高まりを見せ、父なる神やイエス・キリスト以上に信者たちの信仰を集めてきた。私たちにはあまりなじみがないが、神学の世界においてもマリアの重要性は増してきている。

さらに、聖人、聖者の信仰もしだいに盛んになってきた。信仰を守って殉教した人間が病気の治癒などの奇跡を引き起こすことで聖者（最初は福者）に列せられ、庶民の強い信仰を集めることになった。この聖者に対する信仰は、日本の八百万の神に対する信仰にかなり似ている。ご利益信仰である点で共通しているからだ。

キリスト教以上に唯一絶対の神への信仰を強調するイスラム教においても、やはり聖者信仰が盛んである。神の絶対性が過度に強調されると、人間界との関係は相当に希薄なものとなり、日常的な悩みや苦しみからの救いを神に期待できなくなる。そこに、より身近な存在である聖者の役割があり、一神教にも多神教的な側面が見られるのである。

逆に多神教においては、神が数多く存在するということが、この世界の成り立ちを説明する原理として活用されるわけではない。「古事記」や「日本書紀」に示される日本の古代神話では、天地がどのように創造されたかは説明されず、神々が次々と生み出される過程だけが語られている。

仏教ともなれば、そもそも創造神話自体が存在しない。私たちが生きている世界の究極的な原理として示されるのは、「空《くう》」や「無」といったとらえ方である。あらゆるものは固定的な実体をもたず、絶えず生成と消滅をくり返していくにもかかわらず、それに執着するところに苦が生まれるというのが仏教の基本的な認識であり、そこから仏教的な救済論が形成される。

その点で、一神教における神に対比されるものは、むしろこの空や無であると言える。仏教では、世界の成り立ちを説明する際に空や無を前提とし、因果にもとづいてさまざまな現象が生み出されるとする。あるものが果として存在するのは、それを生む原因となった因があるからで、その因と果のくり返しが現実の世界の多様性を生み出していくと解釈されるのである。

ただ一つの神だけを信仰すべきだと説く一神教の立場からすれば、さまざまな神々を同時に信仰する多神教は劣った存在を崇拝する偶像崇拝として批判の対象になる。近代のはじまりにおいて流行した進化論的な科学観においても、多神教から一神教への進化が説かれた。

一方で空や無というとらえ方は、絶対的な神の存在を否定し世界の究極的な姿を虚無としてとらえる点で、根源的なニヒリズムとして受け取られる可能性がある。実際、近代のヨーロッパに仏教の存在が知られるようになった時代には、知識階層の間で仏教は虚無の信仰を説く宗教として恐怖の対象にさえなった（ロジェ＝ポル・ドロワ『虚無の信仰』島田・田桐正彦訳、トランスビュー）。

仏教に長く親しんできた日本人の感覚からすれば、究極的に世界が空や無であったとしてもそこにニヒリズムを見出したりすることはない。ましてそれを恐怖したりはしない。むしろ神のような究極的な実在がないからこそ人間は自由であり、世界は多様な姿をとり、豊穣だととらえる。

その点でも、一神教と多神教という側面からではなく、神と空、神と無という視角から西洋の宗教と東洋の宗教とを対比させるべきなのである。こうした見方をとるだけでも、宗教についてのとらえ方は大きく変わってくるはずだ。

†ユダヤ教

金融業への進出

まず最初の章においては一神教の系譜を追っていくことにするが、ユダヤ教から話をはじめるのは、それがキリスト教、そしてイスラム教へとつながっていく源流にあたるからである。ユダヤ教について、私たちはほとんど知識をもちあわせていないが、キリスト教やイスラム教を理解する上でも、ユダヤ教について知ることはとても重要だ。

三つの一神教は「セム的一神教」とも総称される。それは三つの宗教の聖典で使われるヘブライ語、アラム語、アラビア語が「セム諸語」と呼ばれるからである。なお、セムという呼称は箱舟で大洪水を生き残ったノアの息子セムの名に由来する。セム的一神教は、ただ一つの神をもっぱら信仰の対象とすることから、宗教学的には「唯一神教」に分類される。

ユダヤ教の聖典は「トーラー」(ユダヤ人の言語であるヘブライ語で「教え」を意味する)である。トーラーは、キリスト教の聖典である「旧約聖書」の最初の五つの文書を構成する「モーセ五書(創世記、出エジプト記、レビ記、民数記、申命記)」に相当する。

なお、キリスト教では、神から遣わされたイエス・キリストが全人類の罪を贖《あがな》って処刑され復活したことをもって、神と人間との間に新しい契約が結ばれたという立場をとり、神とモーセなどのイスラエルの民との間の契約を旧いものと見なす。ここから、新約と旧約の区別が生まれた。

紀元前13世紀の人とされるモーセは、エジプト人の奴隷となっていた同胞の民をエジプトから連れ出すことに成功し、シナイ山で神から「十戒」を授かる。そのなかには「あなたには、わたしをおいてほかに神があってはならない」ということばがあり、ただ一つの神を信仰するよう定められている。また神はモーセに「あなたはいかなる像も造ってはならない」とも申しつけており、偶像崇拝が禁じられている（聖書の翻訳は日本聖書協会『聖書　新共同訳』による）。こうした神の戒めがユダヤ教からキリスト教そしてイスラム教に受け継がれ、セム的一神教の系譜が成立することとなった。

現代の社会で考えてみたときにも、ユダヤ教を信奉するユダヤ人の存在は極めて重要である。ただここで非常に難しいのが、宗教としてのユダヤ教と民族としてのユダヤ人との関係である。

ユダヤ人がすべてユダヤ教の信者であれば問題はないが、キリスト教に改宗したユダヤ人は少なくないし、逆にユダヤ教に改宗した非ユダヤ人もいる。どの国や地域においても民族の概念は曖昧で、その範囲をどこに定めるかで議論が起こるが、ユダヤ教では宗教と民族という概念が複雑に絡み合っていて、それが問題を難しくしている。さらにユダヤ人国家であるイスラエルが、移民を受け入れる際の基準を示した帰還法においてユダヤ人の定義を途中で変更したことも区別の難しさに拍車をかけている。

現代社会では、ユダヤ人がとくに活躍している領域がある。経済や金融、映画や音楽の領域がそれにあたるが、そこにはユダヤ人が差別を受け、そうした領域で活躍の場を広げていくしかなかったという歴史的な事情がかかわっている。

なかでももっとも重要なのが、ユダヤ人と金融との密接な関係についてである。セム的一神教では、神があらゆるものを創造したということが大前提である。ところが、利子は神が創造したものではなく、人間が生み出したものだという考え方がとられ、利子をとることは禁止されてきた。その考え方があるために、中世のキリスト教徒は金融業に進出できなかった。

ユダヤ教でも当然、利子をとることは禁じられている。ところが、異教徒であるキリスト教徒から利子をとることは許されている。そのためユダヤ人は、キリスト教徒から利子をとることで金融業に進出できたのである。しかも、現代の資本主義の体制では金融の比重が重くなり、それによってユダヤ人の影響力も強まった。そこに根拠の薄弱なユダヤ人陰謀説が唱えられ、信憑性をもって受け取られる原因がある。

その影響力の大きさに比較して、ユダヤ人の数自体は決して多くはない。しかも、20世紀にはナチス・ドイツによるユダヤ人の大量虐殺「ショアー」（かつてはホロコーストと呼ばれた）も起こった。ショアーによってユダヤ人人口の約37パーセントが失われた。2010年はじめの時点で、ユダヤ人は世界全体でおよそ1343万人と見積もられているから、東京都の人口とさほど変わらない。そのうちイスラエルには570万人が、アメリカには528万人が暮らしている（WORLD JEWISH POPULATION, 2010, Sergio DellaPergola, The Hebrew University of Jerusalem による）。

祖国を失ったことで残った民族と宗教

同じセム的一神教でも、ユダヤ教とその影響を受けて成立したキリスト教、イスラム教とを比較したとき、その大きな違いは、キリスト教とイスラム教にはイエス・キリストとムハンマド（アラビア語でマホメットのこと）という開祖がいるのに対して、ユダヤ教には特定の開祖がいないことにある。宗教学的には前者を「創唱宗教」と言い、後者を「民族宗教」と呼ぶ。民族宗教は、特定の民族だけを信奉者とする宗教で、ユダヤ教はまさにそれに該当する。

故国を追われたユダヤ人の周辺地域への離散は「ディアスポラ」と言われるが、仮にディアスポラが起きなかったとしたら、その後のユダヤ教の運命は大きく異なるものになっていたことが予想される。おそらくは後発のキリスト教かイスラム教のどちらかに吸収され、宗教としての独立性、自律性を保持できなかったであろう。その点で、ディアスポラという事態が、ユダヤ教に故国を離れた民族宗教という特異な形態を与えたと言える。

このディアスポラゆえに、ユダヤ人がたどった歴史は複雑で、その運命は過酷なものとなる。最初の苦難は紀元前586年に新バビロニア帝国の侵略によってユダヤ人の国家が滅ぼされ、「バビロニア捕囚」を経験したことにあった。その際には、彼らの信仰の中心にあったエルサレムの神殿も破壊された。

重要なことは、この出来事がユダヤ人のあいだで信仰上の危機としてとらえられた点である。自分たちが神に背いたからこそ捕囚という苦難を経験しなければならなかったのだと解釈された。そこでユダヤ人は神との契約関係を見直し、契約の証として安息日と割礼《かつれい》を厳守する方向に転換していく。

ユダヤ教の安息日は「シャバット」と呼ばれる。世界を創造した神が7日目に休んだことにちなみ、金曜日の日没前から土曜日の日没までいっさいの労働が禁じられる。割礼はユダヤ教以外の宗教でも広く見られるが、ユダヤ教では、神への篤い信仰によってセム的一神教の「祖」とされるアブラハムが、その子イサクを生後8日目に割礼したことにもとづく。割礼は、ユダヤ人の共同体に加わった印である。

こうしたユダヤ教に特有の日常的な儀礼行為が重視されるようになったのも、信仰の場としての神殿を失ったからである。彼らの周囲に存在する他の宗教の慣習とは異なる行為を実践することで独自性を保持することに成功するが、同時にそれはユダヤ人が迫害される原因を作ることともなった。

その後、ユダヤ人はいったん祖国に戻り第二神殿が再建されたものの、紀元後70年にはローマ帝国に対する独立戦争に敗れ、その第二神殿も破壊された。それ以降、ユダヤ人はしだいに周辺各地域に離散して暮らすようになり、本格的なディアスポラの時代を迎えることになる。

ユダヤ人はなぜ迫害されたのか

ユダヤ教に限らず民族宗教においては、その宗教で信仰される神が祀られる場所が重要な役割を果たす。日本の神道も民族宗教の一つとして、神社に神を祀ることをその本質にしている。したがって、祖国の喪失は民族宗教の根幹を揺るがす事態になるわけで、影響は深刻である。祖国の喪失にあたって、ユダヤ教がそのアイデンティティーを保持するためにとった方向性が、「神殿の宗教」から「法の宗教」への転換であった。

宗教について考える上で、この「法」という観点は極めて重要な意味をもつ。したがって、本書では宗教法についてくり返し言及することになるが、ユダヤ教では「ハラハー」と呼ばれるユダヤ法が決定的な重要性をもっている。それは、イスラム教において「シャリーア」と呼ばれるイスラム法が重視されるのと共通する。

仏教においても仏法というとらえ方は重視され、その法は「ダルマ」と呼ばれる。ダルマには同じ性格を保つという意味があり、世界を動かす法則や原理として考えられている。ただし、そこに仏教徒の生活を規定し規制する法律的な性格は乏しい。

一方、ハラハーやシャリーアの場合には、信者の生活のあり方を規定する法律的な側面の方が強い。ユダヤ教徒はハラハーに則ってその生活を成り立たせていかなければならないとされるし、イスラム教徒はたえずシャリーアに照らし合わせながら自分たちの生活を律していかなければならない。ただし、キリスト教には特有の法がなく、そこに大きな差異がある。その意味と影響については、次の節で詳しく述べることにする。

一神教と聞くと、一般的なイメージでは、この世界を創造した唯一絶対の神を信仰し、それに帰依することに本質があるように考えられるであろう。だがユダヤ教やイスラム教では、神そのものよりも神によって定められた法の方が信者の現実の生活においては重要である。

法に忠実に従い、それによって定められた事柄を実践していくことこそが信仰の証となる。私たち日本人は宗教における法の重要性を理解できていないが、ユダヤ教やイスラム教の信仰の本質を理解するには不可欠な概念なのである。

ハラハーはヘブライ語で「行く」や「歩む」を意味する動詞に由来し、ユダヤ人の歩むべき道を意味する。ハラハーの具体的な内容はトーラー（モーセ五書）に示されているとされるが、細かな規定は師から弟子へと口承で伝えられてきた「ミシュナ」に示されている。ユダヤ人が世界各地に離散しても民族集団としての統合をはかることができたのは、このハラハーが存在したからにほかならない。

しかし、独自の法にしたがってその生活を成り立たせるということは、周囲の人間たちとは異なる生活を実践し、周囲からは隔絶されることを意味する。

ディアスポラの状況におかれたユダヤ人は、キリスト教が広まった地域か、もしくはイスラム教が広まった地域のなかで生活していた。その際にユダヤ人は、壁に囲まれた閉鎖的な居住地「ゲットー」のなかでの生活を強いられた。そのゲットーのなかに成立したユダヤ人だけの共同体は「ケヒラー」と呼ばれる。

安息日の日時や割礼の方法と時期のユダヤ教の独自性についてはすでに述べたが、ほかにユダヤ教には「カシュルート」という食物規定があり、食べてよい肉（四足獣のうち蹄が分かれ反芻する羊や牛など）と食べてはいけない肉（蹄が完全に分かれず反芻もしない豚など）が区別されている。これはイスラム教の食物規定とはかなり重なるが、キリスト教にはない規定である。

ディアスポラ後のユダヤ人が各地で迫害を受けたり追放されたりしたのは、独自の法によって生活を成り立たせることに徹底してこだわったからという側面がある。ユダヤ人が一つの民族集団としてその自治を保障されている状況では、その地域において支配的な他の民族集団と共存することができた。ところが自治が保障されなくなれば、迫害を覚悟しなければならない。

近代に入ると、ヨーロッパでは市民革命を経て国民国家が形成されるようになる。国民国家は国家全体に共通した世俗的な法律によって成り立つ社会であり、そのなかでは独自の法をもつような民族集団の存在は都合の悪いもので、その存続を許すわけにはいかなかった。

国民国家のなかでは、ユダヤ人もケヒラーを出て、一国民としてハラハーではなく国家の法律に従わなければならなくなった。国家に忠誠を尽くすことが求められ、ユダヤ教は民族集団の法的な規範を与えるものとしてではなく、内面的な信仰に基礎をおく宗教としてしか許容されなくなる。これは、ユダヤ教を大きく変えることに結びついた。

キリスト教に改宗するユダヤ人も数多くあらわれたが、ユダヤ人に対する差別が一掃されたわけではなく、最終的にナチスによるショアーへと行き着く。そうした状況のなかで、より自由な環境を求めて、アメリカへと移住するユダヤ人が増加し、アメリカの各都市にはユダヤ人街が形成されていった。そして、アメリカが国力を増し、世界に対する影響力を強めることで、経済の世界で強いユダヤ人の影響力も強化されていくこととなった。

マルクスと終末論

近代におけるユダヤ教の大きな流れとしては、もう一つ、ユダヤ人国家を建設しようとする「シオニズム」の運動が起こったことがあげられる。その運動の提唱者は、オーストリアに同化していたユダヤ人作家のテーオドール・ヘルツルである。運動のきっかけとなったのは、19世紀末のフランスで起こった「ドレフュス事件」だった。

ユダヤ系フランス人のアルフレッド・ドレフュス大尉がスパイとして逮捕された事件

である。これは冤罪で、事件を取材したヘルツルは、ユダヤ人がいくら国家に同化しようとしても差別を免れないという現実を目の当たりにした。それがシオニズムの運動に発展していくが、当初から現在のイスラエルがある場所にユダヤ人国家の建設がめざされたわけではなかった。また、シオニズムがユダヤ人全体の賛同を得たわけでもなかった。

だが、オスマン帝国の衰退とともに、イギリス統治下でエルサレムに入植するユダヤ人が増えていたという現実があり、その結果、ショアーの惨事を経て、第二次世界大戦後におけるイスラエル建国に結びついていくこととなった。ただしそれは、アラブ諸国のイスラム教徒との対立を生むことになり、絶えず戦争やテロなどがくり返される原因ともなっていき、両者の抗争は今日まで解消されていない。

シオニズムは本来、宗教的な運動と言うよりも政治的な運動としての性格が強いが、ユダヤ教における宗教思想としてとくに注目されるのが神秘主義の系譜である。

神秘主義はどの宗教においても見られる普遍的な現象で、とくに信仰の形骸化が進み宗教組織から柔軟性が失われてくると、その反動として神秘主義的な方向性を志向する動きが生まれる。ユダヤ教では、絶対的な神を直接的な形で体験しようとする神秘主義の傾向が当初から存在したものの、13世紀頃から起こる「カバラー」と18世紀はじめからの「ハシディズム」が注目される。

正統派のユダヤ教は、律法としてのトーラーを重視する法の宗教である。法は、日常の世界を律するという役割を果たすが、そうした側面が強調されることによって、宗教を生みだす原動力となる神との直接的な出会いや神話的な物語はその力を失う。ユダヤ教では、モーセ以降、数多くの預言者が出現し、神のメッセージを伝えたり、それを大胆に解釈して現実への適用を試みてきた。

そうした神との直接的な交わりを回復しようとする試みが、カバラーやハシディズムを生むこととなったわけだが、カバラーにおいては、宇宙の神秘的な力に対する信仰が強調され、それを操作することによって現実を変える可能性が示された。これは呪術的な信仰の発展を助長することになり、魔術の世界を開拓していくこととなる。

とくにカバラーにおいては、数に特別な意味を見出す「数秘学」が発展する。7日目の安息日や8日目の割礼、十戒などが重視されるのもそれが関係する。そこから、いかに数のなかに神の意志を見出していくかという神秘的な解釈学が発展し、現代においてもオカルトや占いの領域に多大な影響を与えることとなった。

一方、ハシディズムの始祖とされるイスラエル・ベン・エリエゼルという人物は、もともと民間の信仰治療者であり、超自然的な力の実在を強調し、そうした力と出会う神秘体験を重視したが、カバラーが哲学的、観念的な方向にむかったのに対して、ハシディズムは大衆的で実践的な方向にむかった。

神秘体験をする人間は「ツァディーク（義人）」と呼ばれ、その神格化が進められたが、そこで重要なのは、ツァディークの内面的な敬虔さであった。そうした側面を強調することは、信仰の覚醒運動としての意味をもつが、形骸化した既存の信仰組織を批判することにもつながり、異端的な運動として迫害を受けることとなった。それは、一神教における神秘主義運動の宿命であり、体制との間に齟齬や対立を引き起こす可能性が高いのである。

最後に一つ注目しておかなければならないのが、近代の西欧社会におけるユダヤ人の思想家、学者、芸術家の多様性とその影響である。

スピノザからはじまって、マルクス、フロイト、ベルクソン、フッサール、マーラー、プルースト、アインシュタイン、カフカ、モディリアニ、シャガール、レヴィ＝ストロースなどの名前があげられるが、こうした人々を除いてしまったとしたら、近代の文化史は随分と魅力のないものになってしまうだろう。

彼らの多くはユダヤ教の信仰を続けたのではなく、キリスト教に改宗しているが、さまざまな形でユダヤ教の影響を受けている。一例をあげれば、マルクスの資本主義崩壊の予言はユダヤ教の終末論をモデルにしている。ユダヤ教の影響と言ったときには、そうした側面をも考慮に入れなければならない。

グローバル化のなかでは、多くの人々が親密な共同体の喪失という事態に直面している。その点では、ユダヤ人はその先駆者だとも言える。あくまで民族としての統合をめざすのか、それともそれを捨て、よりグローバルな視野に立って行動するのか。ディアスポラは、今やユダヤ人だけではなく人類全体の課題ともなってきている。

ミッション・スクールの影響力

日本人にとって、キリスト教は一面では遠い宗教である。けれども一方では、意外にその内容を知っている身近な宗教でもある。

日本にキリスト教がはじめて伝えられたのは16世紀のなかばのことで、キリスト教カトリックの修道会であるイエズス会の創設者の一人、フランシスコ・ザビエルが鹿児島に上陸したことにはじまる。それ以来、途中禁教の時期が長く続いたものの、明治時代に入るとキリスト教の布教が解禁され、それからすでに140年近くが経った。

16世紀のキリスト教徒は、「キリシタン」と呼ばれたが、かなりの広がりを見せた。キリシタンの数は最盛期で40万人から75万人に達したと推定されている。当時の総人口が1200万人から1500万人程度だったことからすると、日本人全体の2パーセントから6パーセントがキリシタンに改宗したことになる。

ただし布教が解禁された明治以降は、それほどキリスト教徒の数は増えていない。現在、カトリックとプロテスタントを合わせても、信者は100万人に満たないものと推定される。キリスト教は日本の総人口の1パーセントにも達していない少数派であり、その点では遠い宗教なのである。

だが、キリスト教が日本の社会に与えた影響は小さくない。明治に入ってから、日本は近代化を進めるために西洋の文物や制度を積極的に取り入れた。その際に、そうした文物や制度の背景にキリスト教という宗教が存在することは十分に認識されており、とくに知識人を中心にキリスト教に対して強い関心を向ける人々があらわれた。彼らのなかには、キリスト教に改宗した人間も少なくなかった。

知識人がキリスト教を高く評価したことで、それは日本人が長く信仰してきた神道や仏教に比べて合理的で洗練された宗教として考えられるようになり、いまでは日本人全体がキリスト教を宗教のモデル、あるいは規範として受けとっている面がある。

なかでも大きな影響を与えているのがミッション・スクールの存在である。私立学校のなかには、キリスト教の教会や修道会によって創立されたところがかなりの数にのぼる。ミッション・スクールでは、キリスト教の信仰にもとづく宗教教育が熱心に行われる。とくにカトリック系の学校では、学生や生徒にミサ（聖餐）などの宗教行事への参加が義務づけられている。

数年にわたって、とくに中学から高校にかけての10代にキリスト教の教育を受け、その儀式に日常的に接していれば、そこから大きな影響を受けるのも当然である。生徒たちはちょうど第二次性徴の時期にさしかかっており、性に対して強い関心を抱くようになっている。キリスト教では、性的な事柄への関心は教義の根本にある「原罪」の観念に結びつけられており、欲望の充足ではなく禁欲的な態度が求められる。ミッション・スクールの生徒たちは、そうした性にまつわるキリスト教の倫理観の影響を受けざるを得ず、それは生涯にわたって続くのである。

民間から皇室に嫁いだ女性が二代続けてミッション・スクールの出身者であったことが、その影響力の大きさを証明しているとも言える。天皇家の一員としての尊厳と威厳を保つには、厳しい倫理観が求められる。かつては儒教が日本的な倫理観を形成する上で重要な役割を果たしていたが、近代化のなかで儒教の力は衰えた。そのときキリスト教が、儒教に代わって強固な倫理観を形成する役割を担うようになったのだ。

明治時代に、キリスト教徒である新渡戸稲造が『武士道』を英文で書き上げたのも、忠や孝を重んじる儒教を背景とした日本的な倫理観が、天の神への忠実な信仰を重視するキリスト教の倫理観と共通したものをもっていると感じたからにほかならない。逆に、日本の社会には、キリスト教に頼らなくても社会秩序を成り立たせる倫理観が確立されていたからこそ、キリスト教が浸透する余地が少なかったとも言える。

出家者のいる宗教は珍しい

日本人はキリスト教を宗教のモデルとしてとらえているため、それを一神教の典型として考える傾向が強いが、キリスト教にはむしろ一神教としては異質な面が強い。そのことは十分に認識されていないが、それは日本人に限ってのことではない。キリスト教が浸透した国や地域においても、あまりにも身近であるがゆえに、その本質はかえって認識されていないのである。

キリスト教は前の節で述べたユダヤ教のなかから生まれ、その後に生まれたイスラム教とは兄弟の関係にある。ユダヤ教、キリスト教、イスラム教はどれも唯一絶対の神を信仰する一神教であり、その中身や性格には当然ながら共通性をもつ。

ユダヤ教の聖典であるトーラーは、すでに述べたように、キリスト教の旧約聖書の最初の五章に相当する。この二つの宗教は聖典を共通にしており、そこで説かれる教えについても、キリスト教がユダヤ教を踏襲している部分が少なくない。イスラム教については、その聖典である「コーラン」のなかにユダヤ教のモーセやキリスト教のイエス・キリストが登場し、先発する二つの一神教から多大な影響を受けていることは明らかである。

ところがある一点で、キリスト教はユダヤ教ともイスラム教とも異なっている。その相違点はキリスト教の性格、その特殊性を考える上で決定的な重要性をもっている。それが「出家」の制度の有無である。

私たち日本人は仏教と深いかかわりをもってきたために、出家という存在や制度に慣れている。仏教の僧侶は出家であり、そのために得度し、多くは剃髪している。日本では歴史を経るにつれて在家仏教の傾向が強くなり、僧侶のなかにも妻帯し家庭をもつ者が増えていくが、僧侶本来のあり方は出家であり、その際には世俗の生活を捨てなければならない。

キリスト教のカトリックの場合、聖職者とされる神父や修道士、修道女は出家であり、神に仕えるために世俗の生活を捨て、生涯結婚することはない。プロテスタントでは出家が否定され、牧師は俗人だが、東方教会（ギリシア正教など）にも出家した司祭がいる。東方教会の聖職者は「神品《しんぴん》」と呼ばれるが、神品のうち輔祭・司祭は妻帯が許されるが、使徒の継承者とされる主教は妻帯を許されない。

しかしながら、世界の宗教のなかで、出家の制度が存在するのは仏教とキリスト教だけである。ユダヤ教でもイスラム教でも出家の制度は確立されておらず、厳密な意味での聖職者は存在しない。ヒンズー教には世俗の生活を捨てて遊行する者はいるが、制度化はされておらず、出家者の組織などは存在しない。ジャイナ教には出家の制度はあるが、インドの外には広がっていない。

すでに述べたように、キリスト教には原罪の観念がある。それは旧約聖書の「創世記」にある人類創造の物語にもとづいている。神によって創造された最初の人類であるアダムとイブは、エデンの園と呼ばれる楽園に住んでいたが、神からは、その中心に生えている善悪を知る木になった木の実だけは食べてはならないと命じられていた。

ところがイブの前に蛇があらわれ、彼女にその木の実を食べるよう誘惑する。イブはその誘惑に負け、木の実を食べてしまい、アダムにも木の実を食べるよう勧めた。木の実を食べた二人は急に自分たちが裸であることに気づき、それを恥ずかしいと感じるようになる。それによって神は二人が自らの命じた掟を破ったことを知り、彼らを楽園から追放した。エデンの園から追放されたアダムとイブは、労働を課せられるとともに死を運命づけられる。

この物語はユダヤ教の聖典トーラーにもあるわけだが、ユダヤ教では原罪の観念は発達しなかった。それに対してキリスト教では、「新約聖書」のなかの「ヨハネの黙示録」において、アダムとイブを誘惑した蛇はサタン（悪魔）であると解釈され、二人の犯した罪は、その後人類すべてに受け継がれていく原罪として位置づけられることとなる。

そしてサタンに誘惑されたアダムとイブは、木の実を食べることで性の快楽を知ったものと考えられるようになった。聖職者に出家が課せられるようになるのも、原罪というキリスト教に特有な観念が存在し、神に仕えるためには性の快楽を否定し、罪深い行為を遠ざけなければならないと考えられるようになったからである。

ここで重要なことは、出家制度の導入によって、性に対する厳しい倫理観が確立されただけではなく、性の快楽に結びつかない神聖な世界と、性の快楽が追求される世俗の世界が、根本的に対立するものとして二分された点にある。

聖なる世界だけを律する

新約聖書の「マタイによる福音書」には、「皇帝のものは皇帝に、神のものは神に」という表現がある。「カエサルのものはカエサルに」としても知られる一節だが、これは、ローマ皇帝によって支配された世俗の世界と、神によって支配された神聖な世界を厳格に区別しようとする、キリスト教の根本的な認識を示したものである。そうした発想法はユダヤ教にはないものであり、またイスラム教にもないものである。この二分法を反映し、キリスト教には聖なる世界と俗なる世界をともに律するような法は存在しない。

では、そうした違いは、どこから生まれてきたのだろうか。

そもそもキリスト教は、ユダヤ教のなかから生まれた宗教である。イエス・キリストはユダヤ人であり、その使徒となった人物たちもユダヤ人である。したがって、当初のキリスト教にはユダヤ教の改革運動としての性格があり、必ずしも独自性をもってはいなかった。

キリスト教がユダヤ教の枠を脱するのは、イエスの死後にイエスを救世主として信仰するようになる伝道者のパウロが、その信仰をユダヤ人以外の人間たちに伝えるようになってからである。パウロもユダヤ人だが、その布教活動を通してキリスト教はローマ帝国に広まっていく。それによって、キリスト教はユダヤ人のみを対象とする民族宗教の枠を脱して、世界宗教へと発展していくことになる。

ローマ帝国では紀元前5世紀中ごろから「ローマ法」が成立し、世俗社会を律する法律として機能していた。そのために、キリスト教という宗教が広まっていく段階では、世俗の世界をも包含するような宗教法の確立が必要とはされなかった。逆に言えば、ローマ帝国が求めたのは、聖なる世界と俗なる世界とを分離した上で、聖なる世界のみを律する宗教であったと言える。その条件にキリスト教は合致した。

仮に、世俗の世界にも適用されるキリスト法といったものが確立されていたとしたら、ローマ法と抵触する部分が出てきて、両者は衝突するに至っただろう。キリスト教の聖と俗とを区別する世界観、それにもとづく聖なる世界に限定される法的な原理は、世俗の世界を律する法とは衝突を生まない構造をもっていた。

またその点は、キリスト教に国境を超えて広がる余地を与えた。というのも、キリスト教はあくまで宗教として、あるいは信仰として限定された立場にとどまり、民族や国家を支配する世俗の権力とも並立し、共存することが可能となったからである。

キリスト教の聖と俗とを対立させる見方は、近代の西欧社会において成立した宗教研究の方向性にも影響を与えた。

宗教の定義は、宗教研究者の数ほどあると言われるように多様だが、フランスの社会学者エミール・デュルケムは『宗教生活の原初形態』（古野清人訳、岩波文庫）のなかで、聖と俗との分離に宗教の本質を求めた。しかしこの定義は、キリスト教以外の宗教には必ずしも当てはまらない。デュルケム自身はユダヤ人の家系だが、カトリックの国フランスに育ったという経験が、その宗教観の形成に影響したものと考えられる。

近代に誕生した宗教研究は、「はじめに」でふれたエリアーデの場合もそうだが、キリスト教の世界観を背景に成立し、キリスト教を基準に他の宗教をとらえ、その価値を判断する傾向が強いのである。

イエスの教えを知らなかったパウロ

単純に考えれば、キリスト教はイエス・キリストというキリスト教の開祖が説いた教えにもとづいて形成された宗教であるととらえられる。それは、仏教が釈迦の説いた教えにもとづいているのと同様で、だからこそ創唱宗教に分類されるわけである。

しかし、事実はそれほど単純ではない。

新約聖書の冒頭におかれたイエスの言行録である「福音書」のなかでは、確かにイエスがどういった生涯を歩み、どういった教えを説いたかが具体的に語られている。福音書には「マルコによる福音書」「マタイによる福音書」「ルカによる福音書」「ヨハネによる福音書」の四つがあり、それぞれの内容は異なっている。このうちマルコ、マタイ、ルカについては内容に重複した部分があり、共通した資料をもとにしていることから「共観福音書」と呼ばれる。

最初に書かれたのがマルコで、マタイとルカは、そのマルコと「Q資料」と呼ばれる別な資料、そしてそれぞれ独自な資料をもとに書かれたとされている。ヨハネについては最後に書かれたもので、神学的な性格が色濃く、他の三つの共観福音書とは区別されている。

ただし福音書以外に、イエスの生涯がいかなるものであったかを語る歴史的な史料は存在しない。しかも最初のマルコでさえ、イエスの死後30年以上が経過した紀元65年から70年頃に成立したもので、歴史的な事実を反映しているかどうかは疑わしい。

さらに、注目すべき重要な事柄がある。共観福音書はイエスが十字架にかけられて殺されてから数十年後に書かれるわけで、パウロの書簡はそのあいだの時期に執筆されている。時間的な順番はイエスの死、パウロの書簡の執筆、共観福音書の成立となる。

問題はパウロの書簡である。そのなかでは、共観福音書で語られているようなイエスの言動について、まったく紹介されていない。ただ、十字架にかけられて殺されたイエスが復活したと述べられているだけである。

イエスに独自なものだと考えられている「あなたの隣人をあなた自身のように愛せ

よ」という隣人愛の教えについてはふれられているが、実はそれは旧約聖書でも述べられていることで、ユダヤ教にはないキリスト教独自の教えとは言えない。パウロの書簡を読んだかぎりでは、イエスが具体的に何をし何を説いたのか、それは必ずしも明確ではないのである。

ところが、新約聖書の構成は巧みにできている。そこにおさめられた文書は執筆された年代順ではなく、物事が起こったとされる順番に並べられている。

最初に共観福音書とヨハネの福音書がおさめられ、次にイエスの弟子である使徒たちの行状を記した「使徒言行録」がくる。そのなかでは、パウロの行状についても述べられている。その次にパウロによる書簡がおさめられ、他の使徒たちによる書簡があって、最後に「ヨハネの黙示録」がくるようになっている。そのために、パウロの書簡のなかでイエスの言動が言及されていないことに、ほとんどの人は気づかないのである。

その点を踏まえると、歴史的な事実は次のようなものだったのではないかと推測される。

まず最初に、十字架にかけられて殺された3日後にイエスが復活したという信仰が生まれた。それによって、ユダヤ人のなかにイエスを信仰の対象とするキリスト教徒の集団が生まれた。パウロは最初、キリスト教徒を迫害していた。だが回心体験を経て、キリスト教徒のなかに加わった。「使徒言行録」では、パウロの回心は劇的なものとして語られているが、パウロは自らの書簡のなかではその点について曖昧な形でしか述べていない。

当時のキリスト教徒の集団のなかでは、復活信仰以外にイエスがどのような生涯を送り、どのような教えを説いたかは、まだはっきりとは語り継がれていなかった。だがその後、パウロなどの力によって復活信仰が広まっていく。そのなかで、イエスの生涯を美化しようとする動きが生まれ、神聖な存在としてのイエスにふさわしい伝承が創作されていった。最初それは信者たちのあいだに口頭で伝えられていただけだったが、やがて福音書にまとめられるようになる。三つの共観福音書が存在するのも、いくつもの伝承があって、一つに整理できなかったからにほかならない。

イエスの生涯は伝説や神話であり、歴史的な事実を反映したものではない。それは、他の宗教における教祖の言動についても言える。しかし、信者たちは伝説や神話を事実としてとらえ、そこから自分たちに独自な信仰世界を築き上げていくのである。

4世紀のなかばには、「アリウス派」と「アタナシウス派」との対立が起こる。アリウス派は神が唯一であることを強調し、イエスに人としての性格しか認めなかったのに対して、アタナシウス派は、イエスには人としての性格とともに神としての性格が備わっていると主張した。イエスの美化は、イエスを神にまで祀り上げたのである。

この対立は最終的にアタナシウス派の勝利に終わり、イエスには人と神の両方の性質が備わっているという考えが、正統的なキリスト教の教義として認められる。そこから父である神と、その子であるイエス・キリスト、それに聖霊とが一体であるという「三位一体」論が形成されていくようになる。

こうした経緯を経てキリスト教の中心的な教義が形成されたわけだから、キリスト教はイエスの説いた教えにもとづいて形成された宗教だという単純な見方は成立しない。そして、三位一体論は、本来一神教であるはずのキリスト教に多神教的な側面をもちこむことになったのである。

多神教への変質

キリスト教はやがてローマ帝国によって公認され、そこから世界宗教への道を歩むことになるが、それ以前の段階ではくり返し迫害を受けた。その際には、多くの「殉教者」を生んでいる。最初の殉教者はユダヤ教の体制を批判したステファノで、続いてイエスの直弟子である十二使徒の一人ヤコブが殉教した。パウロも処刑されたとされる。

こうした迫害が起こったのは、キリスト教がローマ帝国の宗教を否定し、皇帝崇拝などを拒否したからである。

迫害によって殉教者が多く出たことは、その後のキリスト教のあり方に大きな影響を与えた。一つには、殉教者が「聖人」として信仰の対象となっていったことがあげられる。すでに述べたように、聖人には病気の治癒や遺体が腐乱しないなど奇跡を起こす力があるとされ、その遺物や遺骨が信仰対象として重視されていく。それは「聖遺物」と呼ばれる。それぞれの教会や聖堂では特定の聖人の聖遺物を祀るようになり、中世のヨーロッパでは、ときにはそれをめぐって売買や略奪さえ起こった。

聖遺物のなかには、キリストが磔にされた十字架や釘、あるいはキリストの顔が写った聖骸布、マリアの乳といったものまで含まれた。これはキリスト教のなかに多神教の信仰とともに偶像崇拝をもちこむものであり、それぞれの聖人は「守護聖人」としてキリスト教徒を守護する役割を担うようになっていく。

こうした聖遺物信仰に対しては、宗教改革家のジャン・カルヴァンが、そのばかばかしさを逐一挙げて批判している（『カルヴァン小論集』波木居斉二編訳、岩波文庫）。しかし、厳格な一神教は聖職者や神学者のもので、庶民である一般信徒が望んだものとは言えなかった。庶民は、自分たちが救われるなら、多神教的な信仰を許容し、偶像崇拝にすがる。従来の日本人のキリスト教観では、この面が注目されていなかった。

初期キリスト教において殉教者が数多く輩出したことはまた、キリスト教の伝統において殉教という行為に高い価値を与えることになった。

熱心な宣教師は布教活動を実践するなかで現地の異なる宗教と衝突し、迫害を受けることをむしろ望むようになっていく。殉教は、十字架にかけられて殺されたイエスに近づくためにもっとも好ましい行為とされ、危険を冒しての布教に宣教師たちを駆り立てていった。日本でキリシタンが禁教になった時代に、あえて宣教を続けようとするキリスト教徒が後を絶たなかったのも、そうした伝統があったからである。

聖人崇拝とともに、キリスト教のなかに多神教的な傾向を生み出すことになるのが、「聖母マリア」に対する信仰である。新約聖書において、マリアがイエスを生んだ際には聖霊によって妊《みごも》った処女懐胎であったとされている。その事実が明らかにされる場面は「受胎告知」としてキリスト教美術の中心的なテーマとなっていくが、そこにマリアが神聖視される素地があった。

日本では聖母という呼び方が一般化しているが、マリアについてキリスト教圏では一般に「処女マリア」という呼び方をする。処女性が問題にされるのは、背景に原罪の観念があるからだが、母としての側面が強調されると、その面には関心が向けられなくなる。

聖母マリアを信仰する日本のキリスト教徒と、それを処女マリアとして信仰している他の国のキリスト教徒は、実は異なる存在を信仰の対象にしているとも言える。日本人は聖母という呼称を用いることで、マリアを大きく変容させて受容したのである。

カトリックの世界でマリア信仰が神学として確立されるのは、近代に入ってからのことである。1854年には、マリアは原罪の汚れなしにイエスを受胎したとする「無原罪の御宿り」の教義が公認される。それは、マリアへの信仰を強化する役割を果たした。その後ヨーロッパ各地では、フランスのルルドをはじめとしてマリアの出現が相次ぎ、それぞれの場所は聖地として巡礼者を集めるようになっていく。ルルドはローマやイベリア半島のサンティアゴ・デ・コンポステラと並ぶ、カトリックの三大聖地となっている。

厳格な一神教を志向するイスラム教徒の目からすると、キリスト教は父なる神、母なる神、そして子なる神を信仰する多神教に見える。しかもキリスト教では、キリストやマリアの像が造られ、それは多神教において見られる偶像崇拝に他ならない。

しかし、キリスト教がその勢力を拡大していく上では、多神教的な側面を取り入れたことが役立った。それは、それぞれの地域における土着の信仰を取り込んでいくことをも可能にしたからである。ヨーロッパに広まった際にも、土着のゲルマンやケルトの信仰を取り込んでいくことになるが、それがもっとも顕著にあらわれているのがクリスマスの場合である。

どの福音書においても、イエスがいったいいつ生まれたのか、その日付は明記されていない。キリストが12月25日に誕生したとされるようになるのは354年からのことで、ローマ帝国で流行していたミトラ教の冬至の祭りが基盤になっている。クリスマスの信仰が広まるのも、そこで一年が終わり、新しい年がはじまる冬至の日に設定されたからで、イエスの誕生は新しい年の訪れを祝うものと解釈された。だからこそ、日本をはじめ、キリスト教が支配的でない地域でもクリスマスを祝う習慣が広まったのである。

教会の絶対的な権威

一神教の系譜に連なっていながら、多神教的な要素を取り込んだキリスト教は、信仰としては一貫しておらず、合理性を欠いた宗教であるとも言える。さらにキリスト教は、初期に迫害を受けたこともあって、終末論の傾向が強い。それを反映し、すぐにでもイエスが再臨し、最後の審判が訪れるという信仰が成立したものの、実際には再臨も最後の審判も訪れなかった。

こうした意味で、キリスト教は非合理な信仰をそのなかに含みこむことになった。論理的には説明がつかない部分が多くなったのである。

しかし、かえってそれはキリスト教のなかで「神学」が発展していく契機ともなった。非合理な部分を論理的に説明するために、ギリシアの哲学を取り入れつつ、独自の神学の体系が形成されていった（キリスト教の神学者テリトリアヌスのものとされる「不合理ゆえに我信ず」という格言は、キリスト教における信仰の本質を表現したものとして考えることができる）。

また、本質的に非合理な部分があるために、「信仰」という行為の重要性を高めることにもなっていった。たとえ矛盾があっても、それを信仰していく。そこには、矛盾を受け入れていくための精神的な転換の体験が伴う。それこそが、キリスト教における「回心」という体験の重視に結びついていく。

その回心を、さらに個人の内面における罪の意識と結びつけたのが、4世紀に北アフリカのヒッポという都市で教父をつとめたアウグスティヌスであった。

アウグスティヌスは、自らの信仰の軌跡を『告白』という著書に記している。それによれば、若い頃の彼は肉欲に支配されていたと言い、実際、女性と同棲し子どもまでもうけた。そしてキリスト教に改宗する前には、善悪二元論を強調するマニ教を信奉していた。二元論を信奉する限り善が悪に打ち克つという方向にはむかえない。アウグスティヌスは、しだいにマニ教に対して疑問を感じるようになり、母親の影響でキリスト教にふれるようになる。そしてイタリアのミラノに赴いたとき、隣の家の子どもたちが「聖書を読め」とくり返しているのを聞く。

そこで聖書を手にとると、パウロによる「ローマの信徒への手紙」のなかにある「酒宴と酩酊、淫乱と好色、争いとねたみを捨て、主イエス・キリストを身にまといなさい。欲望を満足させようとして、肉に心を用いてはなりません」という箇所が目に飛び込んできた。アウグスティヌスは、これを肉欲にふけっていた自己に対して向けられた神のメッセージとして解釈し、それがキリスト教への回心の体験に結びついていった。

これによってアウグスティヌスは、悪を克服して善へと至る道を見出し、マニ教の善悪二元論を乗り越えていく。それは、たんにアウグスティヌス個人の問題にとどまらず、彼の著書や教えを通してキリスト教徒のあるべき姿を示すモデルとしての役割を果たすことになった。

つまりアウグスティヌスの回心は、自らの罪深さを認めて懺悔して神を受け入れることで、原罪からいかに逃れることができるのかという方向性を示したといえる。それは個人が救済される具体的な方法を教えることになり、その後のキリスト教の展開に多大な影響を与えた。

やがて中世になると、懺悔を含む儀礼的な行為が七つの「秘跡」にまとめあげられていく。秘跡は入信のための「洗礼」、ミサにおける「聖体」、「婚姻」、聖職者の「叙階」、信仰を確認する「堅信」、「ゆるし（懺悔）」、「病者の塗油（終油）」からなっている。これによって、キリスト教徒のたどる生涯の重要な段階は、それぞれ宗教的な意味づけを与えられ、聖化されたのである。

こうした秘跡を与えるのは教会の役割であり、そこにキリスト教において教会組織が発展していく原因があった。その一方で、キリスト教は多神教的な要素を取り込んでいったりすることで、信仰が拡散し、その統合が脅かされる可能性が出てきた。

そこで、正統的な教義を定める必要が生まれ、その判断はくり返し開かれた「公会議」の場においてなされるようになっていく。すでにふれた三位一体論もマリアの無原罪の御宿りの教義も、公会議で議論の対象となった。これだけ権威構造が明確な宗教は、キリスト教以外にはない。そして正統的な教えが定められたことで、そこから外れる教えは「異端」の烙印を押された。

中世ヨーロッパにおいて異端を取り締まる機関として設置されたのが異端審問所で、異端と決まれば火あぶりの刑などに処せられた。魔女狩りが行われるようになるのも、魔女の使う呪術が異端的な信仰として禁じられるようになったからである。

救済の方法がないプロテスタント

ここまで述べてきたことは、主にキリスト教のなかでもカトリックにあてはまることだが、キリスト教は395年にローマ帝国が東ローマ帝国と西ローマ帝国に分かれたことで、分裂への道を歩むようになる。西ローマ帝国自体は、ゴート族の侵入によって476年にはすでに滅びてしまう。その地域ではラテン語が用いられ、東ローマ帝国ではギリシア語が主に用いられたことも、分裂を深めていく原因となった。

5世紀末には東のコンスタンティノポリス総主教とローマ教皇との対立が激しくなり、

それ以降は実質的に二つの教会は別々の道を歩むようになる。1054年における相互の破門宣告で、対立は決定的なものになった。これによってキリスト教は、東の東方教会と西のローマ教会に二分されたのである。

東方教会の場合には、ローマ教皇のように全体を統合する絶対的な権威は存在せず、東西への分裂以前の古い伝統的な信仰をそのまま保ち続けていった。また、その信仰が広まった地域はイスラム教徒によって支配されたところも多く、世俗権力をその下に置くほどの強力な宗教支配の体制を作り上げるまでにはいたらなかった。

一方、ローマ教会はヨーロッパ全体に広がる。さらに大航海時代に入ると、ヨーロッパ人の手によってアジア、アフリカ、アメリカの各大陸にも伝えられ、強大な勢力を誇るようになっていった。

しかし中世的な教会権力は衰退の方向にむかい、西ヨーロッパで近代的な国民国家が台頭していくなかで教会の革新運動が起こる。それが「宗教改革」となってプロテスタントの諸宗派を生むことになり、ローマ教会はカトリックと呼ばれるようになった。

プロテスタントにおいては、教会権力に代わって聖書中心主義の立場がとられ、それまでラテン語でしか読めなかった聖書の各国語訳が誕生する。カトリックとの決定的な違いは聖職者の存在を否定したことで、俗世を捨てて出家し神のみに仕える司祭や修道士は、プロテスタントには存在しない。プロテスタントの宗教的な指導者である牧師は、妻帯するようになる。またその結果、聖職者の頂点に位置するローマ教皇のような存在も、プロテスタントからは一掃された。

これによって、聖なる世界と俗なる世界が決定的に対立する構造が崩され、二つの世界は融合することになる。そのことは、聖なる世界を司る教会権力の弱体化に結びついた。それはある意味、ユダヤ教のあり方に回帰する方向性であり、キリスト教が誕生した後に生まれたイスラム教とも共通した構造をとることを意味する。

カトリックとプロテスタントの中間的な形態を示すのが、イギリス国教会である。イギリス国教会では、ローマ教皇の支配から離れ聖職者の妻帯を認めたものの、カトリックに類似した聖餐式（ミサ）は受け継がれている。

カトリックや東方教会が、聖職者と在家の平信徒から構成されるのに対して、プロテスタントでは牧師も在家であり、平信徒と身分上の決定的な差異はない。幼児洗礼は行われなくなり、大人になって信仰の自覚をもった段階で洗礼を受けることになった。

プロテスタントはさまざまな宗派に分裂していくが、国や地域、人種、階層などによってどういった信者が集まるかが決まることが多い。教義は宗派によって異なるが、新たに登場した新宗教的な宗派を除くと、カトリックのように教義が厳格に定められるということは少ない。プロテスタントには、どの宗派においても、明確な教義の体系は存在しないのである。

それを反映し、カトリックとプロテスタントにおいては、いかに救済がもたらされるかで決定的な違いがある。カトリックでは、ローマ教皇を頂点に抱く教会が秘跡を通して救済を与える役割を果たす。罪の贖いを軽減する贖宥状《しょくゆうじょう》が献金と引き換えに与えられたのも、教会にはそれだけの権力が備わっていると考えられていたからである。

ところがプロテスタントにおいては、救済を与える権利は教会には与えられず、それはもっぱら神の力にのみよると考えられた。そうなると、個々の信者は神と直接接触できない以上、自分が救済されるのかどうかを知ることができない。そこで持ち出されたのが、ジャン・カルヴァンなどの唱えた「予定説」で、神によって救済される人間は予め決定されているが、本人にはそれが分からないという主張が展開された。

しかし、この考え方は神の絶対性を強調するものではあっても、一般の民衆が救済される機会を奪うもので、やがてはキリスト教の力を衰退させる要因ともなった。近代に入って、科学が発達し産業が勃興すると、宗教は非科学的で遅れたものと見なされるようになる。そしてニーチェの「神は死んだ」ということばに示されるように、その存在意義を根底から疑われるようになった。それはキリスト教の衰退に結びつき、社会から宗教の影響力が失われる世俗化が進行することになるのである。

†イスラム教

モーセもキリストも出てくるコーラン

イスラム教は13億人の信者を抱え、今日ではキリスト教についで世界第2位の宗教となった。最近の報道では、信者数でカトリックを超えたとも言われ、世界の各地域でイスラム教徒は増加を続けている。

イスラム教は、キリスト教やその母体となったユダヤ教に比較して後発の宗教である。

イスラム教が誕生した7世紀はじめ、イスラム教の開祖であるムハンマド（マホメット）が宗教活動を展開したアラビア半島では、すでにユダヤ教やキリスト教が広まっていた。

イスラム教の聖典であるコーランには、ユダヤ教の預言者であるモーセや、キリスト教で救世主と崇められるイエス・キリストが登場する。モーセは「ムーサー」と呼ばれ、イエスは「イーサー」と呼ばれる。そこではイーサーはマルヤムによって処女懐胎されたと述べられているが、マルヤムとはマリアのことにほかならない。

後発の宗教としてのイスラム教は、ユダヤ教やキリスト教の影響を色濃く受けている。それがもっとも明確にあらわれ、また極めて重要な意味をもっているのが、信仰の対象となる神のとらえ方である。

イスラム教で信仰の対象となるのは「アッラー」である。一般に日本語では「アッラーの神」という呼び方がなされるが、実はこれは正確な言い方ではない。というのも、アッラーとは神のことをさすアラビア語の一般名詞で、特定の神をさす固有名詞ではないからである。アッラーの神という言い方をしたとすれば「神の神」となり、意味をなさなくなってしまうのだ。

コーランのなかで、このアッラーは敬虔なイブラーヒームが信仰した神であるとされている。イブラーヒームとは、ユダヤ教ではトーラー、キリスト教では旧約聖書の「創世記」に登場し、ユダヤ人やアラブ人の祖とされるアブラハムのことである。

アブラハムはサラという妻を娶ったが、二人には長い間子どもがなかった。二人がかなり年老いてから、ようやくイサクという子どもを授かる。ところが神はアブラハムに対して、そのひとり子を犠牲にするよう求めてくる。

敬虔な信仰をもつアブラハムは、その神の指示に躊躇することなく従い、イサクを犠牲に捧げようとする。その刹那、神はアブラハムが揺るぎない信仰をもっていることを確かめて納得し、そこでアブラハムを止め、イサクを解放する。このアブラハムの信仰を試した神がアッラーである。一神教の伝統では、神はしばしば人間の信仰を試す。旧約聖書の「ヨブ記」においても、神は敬虔な信仰をもつヨブを試すために数々の試練を与える。

アブラハムが信仰するアッラーは、ユダヤ教の神でもあり、キリスト教の神でもある。

この神についての解釈は、あくまでイスラム教の側からのもので、ユダヤ教やキリスト教の側からのものではない。したがって、ユダヤ教徒やキリスト教徒には、自分たちが信仰する神が実はアッラーと同じであるという認識はないかもしれない。

しかし、イスラム教では先に生まれたこの二つの宗教を兄弟宗教として考えており、その信者を「啓典の民」としてとらえてきた。神からの啓示を受けた点で共通しているというわけである。そして、イスラム教の支配する地域に居住するユダヤ教徒やキリスト教徒は「ジズヤ」と呼ばれる人頭税を負担する限り、その信仰を保ったまま保護された。

ではこの三つの宗教は、どの点において異なる道を歩むことになったのであろうか。

一つ決定的な要素となるのが、「預言者」のとらえ方である。ユダヤ教からキリスト教、イスラム教へと連なるセム的一神教においては、神のメッセージを預かりそれを他の人間に伝える預言者の存在が重視されている。

なお日本の聖書研究では、預言者と一般の宗教における「予言者」とを区別し、預言者はたんに未来を言い当てる予言者とは異なるという説明がなされるが、初期の聖書で用いられた古代のヘブライ語やギリシア語では両者は区別されない。英語でも、ともにprophetとつづられる。預言者の価値を強調するのは、あくまで日本人のキリスト教徒である（ただしここでは、慣例に従って預言者という表記を使う）。

ユダヤ教においては、さまざまな預言者が出現し、人間に対して警告を与えた。それは、旧約聖書の各文書に記された通りである。ユダヤ教からすれば、キリスト教の開祖イエス・キリストも、あまた存在する預言者の一人にすぎない。

ところが、キリスト教ではイエスをたんなる預言者としてはとらえず、人と神と両方の性格をもつ存在であるとし、その中心的な教義である三位一体を構成するものとした。その点においてキリスト教は、ユダヤ教とは根本的に相いれない考え方をとることとなった。

一方、イスラム教においてイエスはユダヤ教と同様に預言者の一人と位置づけられ、特別な存在とは考えられていない。ところがムハンマドについては、最高で最後の預言者であるとされ、もっとも重要な地位が与えられることになった。イスラム教徒が自らの信仰を告白する「シャハーダ」では、「アッラーの他に神はなし。ムハンマドはアッラーの使徒なり」と唱えるよう定められている。ここにイスラム教の特殊性がある。逆に、ユダヤ教徒やキリスト教徒は、ムハンマドを預言者としてさえ認めないのである。

ムハンマドは聖徳太子と同時代人

イスラム教を開いたムハンマドは、伝説上の存在であるモーセや、同時代の記録がないイエスに比べれば、はるかに時代が新しい。570年頃に生まれたとされており、彼が活躍したのは日本の飛鳥時代に相当する。ムハンマドは聖徳太子と同時代人なのである。聖徳太子は、ムハンマドの4年後に生まれたとされている。

だがムハンマドがどういう生涯を送ったのか、正確なところは必ずしも明らかになっていない。イエスの「福音書」や釈迦の「仏伝」のように、聖典として位置づけられるような伝記も存在しない。

事実として明確なのは、ムハンマドが商人だったという点である。

コーランのなかには、人と神との関係の持ち方が商売上の契約にたとえて表現されている箇所がある。たとえば、「まことに神は（天上の）楽園という値段で、信徒たちから彼ら自身の身柄と財産とをそっくり買い取りなさったのだ。（中略）これこそ律法《トーラー》と福音とコーランに（明記された）神の御約定。約定を神よりもっと忠実に履行する者がどこにあろう。さればお前たち、そのようなお方を相手方として結んだこの商業取引を有難いと思わねばならぬ」（9章112節）とある（コーランの翻訳は井筒俊彦訳によ る）。

ムハンマドの妻やその家族も商人だと考えられており、このことは後にイスラム教の信仰が商人によって広められることにも結びついていく。

商人として活動していたムハンマドは、結婚した15歳ほど年上の妻ハディージャが金持ちであったため、中年期に入るまで幸福で豊かな生活を送っていた。ところが、40歳前後に彼のこころに孤独の念がよぎり、瞑想や禁欲的な生活への欲求が生まれたとされる。ムハンマドの内面でどういったことが起こったのか、彼自身がそれをつづっていないので、その内容は定かではないが、人間の生き方や社会のあり方に対して根本的な疑問を抱いたものと推測されている。

そこでムハンマドは、メッカの近くにあるヒラー山の洞窟に籠もり、瞑想の日々を送った。610年頃、瞑想中のムハンマドの前に天使ジブリール（英語ではガブリエル）があらわれ、神のメッセージを次々と伝えるようになる。やがてムハンマドはそのメッセージを周囲の人々に対しても説くようになり、預言者としての活動をはじめる。その最初の信者となったのが、妻のハディージャであった。

ムハンマドに伝えられた神のメッセージを集めたものがコーランになるわけだが、それは大きく「メッカ啓示」と「メディナ啓示」とに分けられる。この区別は、ムハンマドが最初メッカにいたものの、周囲から迫害を受けメディナへと移住したことで生まれた。イスラム教では、このムハンマドの移住に重要な宗教的な価値を与えていて、それは「ヒジュラ」と呼ばれる。日本語では「聖遷」と訳される。

たんに神からの啓示を受けた場所が異なるだけではなく、内容の面でも二つは大きく異なっている。メッカ啓示には終末論的な色彩が濃厚で、世の終わりに対する警告が多く含まれる。それに対して、メディナ啓示では周囲にムハンマドを信奉する信徒集団が形成されたこともあり、終末論は前提とされつつも、その恐怖は強調されなくなり、むしろ現実の生活においていかに信仰活動を続けるかが説かれるようになる。

メッカ啓示の代表的な例としては、「人々よ、汝らの主(の下し給う罰)を怖れよ。まことに、かの(終末の)時に起こる地震は恐ろしいもの。いよいよその日が眼前に到来すれば、乳児を抱えた女は己の乳飲み子を忘れて顧みず、孕女《はらみおんな》は腹の物を落としてしまう」(22章1~2節)があげられる。そして、現世の価値を否定し、来世の価値を強く肯定する。40章42節には、「これ、みなの者、この世の生活《いのち》はただ束の間の楽しみにすぎぬ。来世こそは不滅の宿」とある。

一方、メディナ啓示の典型としては、「アッラーの礼拝所の世話をするのは、アッラーと最後の日を信じ、礼拝の務めを果たし、定めの喜捨をこころよく出し、アッラー以外の何者も怖れぬ者に限る」(9章18節)があげられる。

これはイスラム教に限らず開祖を抱く創唱宗教一般に言えることだが、教団が形成されたばかりの初期の段階では、世俗の社会を強く批判し、終末論的な教えが集中的に説かれる。その点で、あらゆる宗教は「カルト宗教」としてはじまるとも言える。

したがってその分、社会との軋轢も大きく、対立を生んだり迫害を受けたりすることが少なくない。だが、しだいに教団がその勢力を拡大し社会に一定の基盤をもつようになると、教えの内容も変化し、カルト宗教的な段階を脱していく。イスラム教では、メッカ啓示とメディナ啓示の違いにそれがもっともよく現れている。

神道との共通性

コーランのなかに、一方に終末論的なメッセージが含まれ、その一方で日常的な信仰生活の重要性が説かれたことで、イスラム教は「二重性」をはらむことになった。社会に危機的な事態が生まれ、信仰者が迫害されるような時代にはメッカ啓示が脚光を浴び、運動は終末論的な色彩を帯びていく。それが、現代におけるイスラム教原理主義過激派の淵源にもなるわけだが、平和な時代においてはメディナ啓示の方がはるかに重視される。

後者の性格がより色濃いのが、聖典としてコーランに次ぐ地位を与えられている「ハディース」である。ハディースはムハンマドの言行録であり、ムハンマドがどういった行動をとり、それについてどういうことばを残したかを記録したものである。そこに記されたような姿勢をとることが、イスラム教の信徒である「ムスリム」全体に求められてきた。

ハディースはかなりの量にのぼり、そこにはムハンマドの周囲にいた人間たちの証言が数多く集められている。そのなかで中心的なテーマになっているのが、彼がいかにして神を祀ったかということで、さまざまなケースにわたって具体的な方法が記される。

たとえば、「浄めの書」2には、「神の使徒は『穢れの状態にある者の礼拝は、浄めを行うまでは受け容れられない』と言った」とある。神を礼拝するには、身を浄める必要があり、いかに清浄な状態を保つかに強い関心が向けられているのである（ハディースの翻訳については、牧野信也訳の中公文庫による）。

「洗滌の書」1には、「アーイシャによると、預言者は性交後の洗滌をする場合、次のような手順で行った。すなわち、まず両手を洗い、礼拝のときのように浄めを行ってから、指を水の中に入れた後、その指で毛の根元をこすり、次に両手で掬った水を頭に三回ふりかけ、最後に体全体に水を流す」とある。アーイシャとは、ムハンマドの三番目の妻のことである。

ほかに「月経の書」では、月経期間中の女性がどのようにふるまえばいいかが事細かに記されている。こうした記述を読み進めていくと、イスラム教における儀礼的な行為が、実は日本の神道のそれに近いのではないかという印象さえ受ける。

ムスリムに課せられた信仰上の行為は「五行」と呼ばれ、五つの項目があげられている。そのなかには、すでに述べたシャハーダと呼ばれる信仰告白のほかに礼拝、喜捨、断食、巡礼が含まれる。礼拝は一日に5回、定められた時刻にモスクなどに集まって神を礼拝する行為をくり返すもので、神道の拝礼にあたる。巡礼も、有名な神社への参拝と同じ意味をもつ。

いかに自らを浄めて神を礼拝するか、イスラム教と神道の目的は共通しているように見える。モスクには神社の手水舎《ちょうずや》のように、礼拝に来た者が自らのからだを浄めるための水場も用意されている。イスラム教の断食も、神道の精進潔斎と重なる。少なくともイスラム教の断食には、インドの修行者の苦行のように、長くやればやるほど好ましいとする修行的な意味合いはない。

神のメッセージであるコーランとムハンマドの言行録であるハディースは、ムスリムが日々の暮らしのなかでどういった生き方をしていくかを示す基本的な指針であり、ムスリムを律するイスラム法「シャリーア」の基礎となる。

シャリーアに則った生活を送ることがムスリムとしての正しい生き方であり、イスラム教の広まった社会のあるべき姿である。シャリーアのなかには宗教的な行為だけではなく、法的な規制やエチケットなども含まれる。したがってそれは、ユダヤ教の「ハラハー」と同様に法としての側面をもち、世俗の法律をも基礎づける役割を果たす。

シャリーアとハラハーの共通性を考えると、ユダヤ教、キリスト教、イスラム教の関係が明確になってくる。イスラム教はキリスト教の影響を受けてはいるものの、ユダヤ教から受けた影響の方がはるかに大きい。その基本的なあり方には共通性があり、アラブ人のユダヤ教、つまりはアラブ人の民族宗教がイスラム教であるとも言える。ただイスラム教はユダヤ教とは異なり、民族の壁を超えていった。その点では、むしろキリスト教と似ているのである。

「イスラム教聖職者」は存在しない

もう一つ、イスラム教がキリスト教と根本的に異なるのは、聖と俗についての考え方においてである。キリスト教では聖なる世界と俗なる世界とは根本的に区別され、出家した人間が聖職者になるわけだが、イスラム教では聖と俗の世界は分離されたものとしてはとらえられていない。この点でも、イスラム教はユダヤ教に近い。

聖俗の分離を強調するキリスト教の立場からすれば、イスラム教は聖俗一体の宗教に見える。だがイスラム教の立場からすれば、聖と俗とを区別する考え方がもともとないので、自分たちを聖俗一体だとは考えない。すべては神の定めたシャリーアによって規定されるというのがイスラム教の基本的な立場であり、それがすべてなのである。

よく「イスラム教聖職者」という言い方がされる。キリスト教に司祭や神父といった聖職者がいるように、イスラム教にも礼拝を司り、説教を行う聖職者が存在すると日本では考えられている。しかし厳密に考えると、イスラム教には聖職者はいない。聖職者を世俗の生活を捨てた出家者としてとらえるならば、イスラム教には出家した人間はいないわけだから、聖職者に相当する人物はあり得ないのである。

一般にイスラム教聖職者と呼ばれている人たちは、「イマーム」とか「ウラマー」と呼ばれる。彼らは宗教上、信仰上の指導者であり、宗教的な事柄を実践する点では聖職者であるとも言える。だが世俗の世界を離れた出家者ではなく、妻帯し家庭ももうけており、あくまで俗人である。

ウラマーは、「イスラム法学者」とも訳される。イスラム教ではコーランとハディースに記されたことがシャリーアの基礎となっているが、ともにはるか昔に著された書物で、現代生活にはそのまま適用できないことがある。そこで、現状においてシャリーアをどう適用するか、その判断がこのイスラム法学者に任されるのである。

聖なるものの不在は、イスラム教の礼拝所である「モスク」についても言える。ユダヤ教には「シナゴーグ」という礼拝所があり、キリスト教にも「教会」がある。私たちはモスクをキリスト教の教会と同じものとして考えがちだが、両者は神を礼拝する場所であるという点では共通するものの、そこには根本的な差異が存在している。モスクはシナゴーグに近い。

ヨーロッパのカトリックの教会では、聖人の聖遺物が祀られていることがある。それは神聖なものと考えられているし、礼拝の対象となるキリスト像やマリア像の場合も同様に神聖視されている。

ところがモスクの場合には、そのなかに神聖なものはいっさい存在していない。そこにあるのは、ムスリムが日々の礼拝を行う際に目処とする、メッカの方角「キブラ」を示す「ミフラーブ」という窪みだけである。

ミフラーブには色彩豊かなタイルが用いられていたりするが、重要なのはあくまで方角を示すということであり、ミフラーブ自体は神聖視されていない。ほかに、モスクのなかには神聖なものは存在しない。モスク自体も、聖なる空間としてはとらえられていない。礼拝のための場という機能が重要なのである。

イスラム教徒のつとめである五行のなかには、巡礼という行為が含まれる。イスラム教では354日の周期で繰り返される12の月からなる独自の太陰暦が用いられており、それは「イスラム暦（あるいはヒジュラ暦）」と呼ばれる。そのなかには断食月の「ラマダーン」も含まれるが、巡礼月にあたるのが「ズー・アルヒッジャ」である。

巡礼月には、メッカをめざして世界中から巡礼者が訪れる。一生に一度メッカに巡礼を行うのが、ムスリムにとっては義務でもあり、また願望でもある。巡礼は「ハッジ」と呼ばれる。巡礼を果たした人間も「ハーッジ」と呼ばれるようになり、周囲の信徒から尊敬を集める。

巡礼者はメッカの中心にあるカアバ神殿の周囲を7周するなど、定められた儀礼的な行為をこなしていく。カアバ神殿は幅12メートル奥行き10メートル高さ15メートルの立方体の建物で、「キスワ」と呼ばれる大きな布で全体が覆われている。

イスラム教では、その信仰が浸透する以前の時代を「無道時代《ジャーヒリーヤ》」と呼ぶが、無道時代にはカアバ神殿のなかにもたくさんの偶像が飾られていた。現在では、そこには何も祀られていない。神殿の東側の壁角には、無道時代に遡る黒い石がはめ込まれているが、それも神聖なものとはされていない。巡礼者たちは、がらんどうになった神殿の回りをまわるわけだし、世界中のムスリムは礼拝の時間にこのカアバ神殿にむかって礼拝を行う。

フランスの哲学者ロラン・バルトは、皇居を中心にした東京の街の構造を「中心の空洞」として説明したが、イスラム教の空間構造も、この中心の空洞としてとらえられる。モスクに聖なるものがないように、メッカにも実は神聖なものは存在しない。その点ではメッカを「聖地」と呼んでいいのかどうか、それ自体大きな問題である。

顔が描けないムハンマド

聖なるものの存在を想定しない世界観と深く関連するが、イスラム教においては偶像崇拝の禁止が徹底されている。モーセの十戒においても、唯一絶対の神だけを信仰することとともに、偶像を作ることが戒められていた。

ユダヤ教ではこの偶像崇拝の禁止はかなり厳格に守られてきたが、キリスト教では禁止ははるかに緩和され、さまざまな聖像が作られていった。十字架もそうだが、キリスト像やマリア像は偶像であり、それを作り祀ることは本来なら偶像崇拝にあたるはずである。

イスラム教ではユダヤ教と同様に、あるいはそれ以上に偶像崇拝の禁止は徹底されている。アッラーの像が作られることはないし、預言者ムハンマドについても像が作られることはない。ムハンマドの姿を絵に描く場合でも、顔の部分は空白の丸で表現され、目鼻は一切つけられない。

もし偶像を作ることが許されたとしたら、さまざまな像が作られ、その種類も増えていくはずである。そうなるとその宗教は一神教ではなく、多神教の様相を呈していくことになる。一神教の信仰を徹底させようとすれば、偶像崇拝を禁止しなければならない。イスラム教の立場からすると、偶像に対して寛容なキリスト教は偶像崇拝の多神教に見えてしまう。

偶像崇拝の禁止が徹底された結果、イスラム教の宗教美術のなかに具象的なものはいっさい登場しない。モスクを装飾する場合も、美しい色のタイルが用いられるが、模様はあくまで抽象的なもので、そこに人物や物が描かれることはない。タイル以外にモスクの壁を飾るのは、コーランのなかの文句を書き写したアラビア語の文字だけである。アラビア語の世界では、漢字の世界と同様に、手で文字を美しく描く「書」が重視されている。

ただ、神が唯一である点が過度に強調され偶像崇拝の禁止が徹底されていくと、神という存在は極めて抽象的なものとなる。日々の生活から遠ざかり、個々の信者との接点が失われてしまうことにもなりかねない。

それを補うために、イスラム教でも「スーフィズム」と呼ばれる神秘主義が発展し、その実践者である「スーフィー」は神との合一や神への接近をめざした。しかし、そうした行為は神の絶対性を脅かす行為とみなされ、異端的なものとして禁止されたり、迫害を受けてきた。そこには、厳格な一神教につきまとうジレンマがある。

イスラム教にも、キリスト教と同様に「聖人崇拝」が存在することについてはすでにふれた。そこにも、神が現実の生活から遠ざかってしまったことを補う役割を見出すことができる。聖人という個人崇拝は偶像崇拝に通じることから、本来なら禁止の対象となるはずだが、聖人を葬った墓が「廟」としてムスリムの信仰を集めてきた。

キリスト教のカトリックでは、聖人として認められるにはローマ教会によって「列聖」される必要があるが、イスラム教にはそうした制度は存在しない。それは、カトリックのバチカンにあたるような中央集権的な組織が存在しないことによる。

イスラム教においては、教団組織はそれほど発達していない。モスクにしてもキリスト教の教会とは異なり、メンバーシップは確立されていない。ムスリムは手近にあるモスクに礼拝のために出掛けていくだけで、そのモスクに所属しているわけではない。モスクはあくまで礼拝所である。イスラム教の神道との共通性については前述したが、この点でも似ている。仏教の寺院には檀家が所属しており、その点でキリスト教の教会と近いのと対照的である。

二つの一神教が起こした「文明の衝突」

ムハンマドは人生の苦難に直面し、そこから宗教家としての道を歩むようになるが、その一方で政治的な指導者であり、イスラム教を拡大していく軍事的な指導者としての側面をもっていた。ムハンマドはイスラム教徒による共同体である「ウンマ」を広げていくことをめざしたが、その事業はムハンマドの後継者となった代々のカリフ（最高権威者）に受け継がれていく。

ただし、誰を正統的なカリフとして認めるかをめぐってウンマのなかに対立が起こり、スンナ派（スンニ派）とシーア派に分かれていった。シーア派はさらにその内部で分裂をくり返し、さまざまな派が形成されている。

スンナ派によって樹立されたアッバース朝（最初のイスラム王朝であるウマイア朝を継いだ第二の王朝、750〜1258年）の時代に、イスラム教はアラブ人だけではなく、ペルシア人をはじめとするさまざまな民族のあいだに広がっていく。中近東から中央アジア、さらには北アフリカにまで領土を広げ、イスラム帝国として君臨するようになる。

イスラム帝国が支配した地域はエジプトやペルシア、ギリシアなど古代の文明が栄えた地域であり、そうした文明の遺産を取り込むことが可能だった。そのため、この時代のイスラム教文明は、先行するキリスト教文明を質の面ではるかに凌駕していた。古代ギリシアの文献などは、キリスト教文明には伝えられておらず、後にイスラム教の世界を経由して取り入れられることになる。

とくに9世紀のはじめに在位した第7代カリフのマアムーンはギリシアの科学や哲学に造詣が深く、ギリシア語の文献をアラビア語に翻訳する事業に力を入れた。その結果、イスラム帝国には高度な文明が栄えることになり、黄金時代を迎える。イスラム法であるシャリーアが確立されたのもこの時代で、それがイスラム教の社会を律する法の体系を形成した。

しかし、やがてイスラム教文明は、外敵の侵入によってその存立を脅かされることとなる。

一つは十字軍の襲来である。第一回の十字軍は1095年に召集され、99年には遠征の目的地であるエルサレムに到着した。エルサレムは、イスラム教徒にとってはムハンマドが一夜にして天に昇り、神の前にあらわれた際に飛び立った石のある場所で、そこには岩のドームが建設されていた。礼拝の方角も、イスラム教が誕生した最初の時点では、メッカではなくエルサレムに定められていたほどである。

ところがエルサレムは、ユダヤ教徒にとってはかつて神殿が存在した場所であり、キリスト教徒にとってもイエス・キリストが宗教活動を展開し、十字架にかけられて殺された場所であった。十字軍は、イスラム教徒によって占有されているイエスゆかりの聖地を奪回するためにエルサレムをめざし、それに成功した。その結果、十字軍によるエルサレム王国が樹立される。

その後、イスラム教の側にはサラーフッディーン（キリスト教徒はサラディンと呼んだ）という英雄があらわれ、エルサレムを奪い返すことに成功するが、十字軍はくり返し来襲し、イスラム教徒はそれと戦わなければならなくなる。

さらにもう一つ、13世紀なかばになるとモンゴル軍による来襲を受けた。ペルシアを征服したモンゴル軍はバグダードに押し寄せ、それによって長期にわたって続いたアッバース朝はついに崩壊する。

その後、イスラム教文明全体を統合するような王朝はあらわれなかった。インドではムガル帝国が、ペルシアではサファヴィー朝が成立した。そして15世紀のなかばには、ビザンティン帝国の首都コンスタンティノープルを襲って、そこをイスタンブールに改名したトルコ人国家オスマン帝国が出現し、近代にいたるまで広大な地域を支配することになる。

近代に入るとこうしたイスラム教の王朝や帝国は崩壊し、欧米列強による植民地支配の対象となった。イスラム教文明は、キリスト教文明に比較して劣勢な立場に立たされることになる。それでもイスラム教文明が広がった地域には、現代のエネルギー革命の主役となった石油の産出国が多く、アラブの国家を中心にしだいにイスラム教を信奉する諸国は世界に対する発言力を増していく。

とくに、1979年にイランで起こった「イスラム革命」の影響は大きく、イスラム教という宗教の存在価値を世界に向かって一挙にアピールすることにつながった。イスラム革命を主導したアーヤトッラー・ホメイニーは、イスラム法学者による統治という考え方を打ち出し、シャリーアに則った政治支配の実現をめざしたのである。

イスラム革命はシーア派の世界での出来事であり、イランは他のシーア派の国への革命の輸出を試みたが、イスラム教世界の大半を占めるスンナ派の国家には直接の影響を与えなかった。だが、スンナ派の国家でも、強権的な政治体制に対する反発が生まれ、さらにはソ連（当時）のアフガニスタン侵攻に対して戦った義勇兵が帰還したもののそれぞれの祖国で受け容れられなかったこともあり、スンナ派の世界でも原理主義の傾向が強まり、過激派のなかにはテロ行為に走るところも出てきた。その動きは、ついには2001年におけるアメリカでの同時多発テロに行き着く。

キリスト教社会には十字軍の時代からイスラム教に対する恐れの感覚が存在したが、こうしたテロ行為はその感覚を強め、キリスト教文明とイスラム教文明との「文明の衝突」が起こっているという認識を生み出すことにもつながった。

そこには、グローバル化の進展によってヨーロッパ諸国に数多くのイスラム教徒が労働力として移民してきたという事態も深くかかわっていた。また第二次世界大戦後において、ユダヤ人の国家イスラエルが誕生し、パレスチナ人を抑圧するとともに周囲のイスラム教の諸国と対立関係に陥ったことも、事態を難しくしている。

しかし、石油の輸出を背景にイスラム教国が経済力をつけてきたことは大きな変化であり、イスラム・マネー（オイル・マネー）の存在は世界経済にも影響力を与えるようになってきた。

そのなかで注目されるのが、「イスラム金融」の発展である。ユダヤ教の項目でもふれたように、一神教の伝統では、神の創造にあずからない利子をとることは禁じられてきた。ただイスラム金融が開始されるまで、イスラム教国でも利子は容認され、一般的な金融のシステムが採用されていた。

ところが、シャリーアに忠実であろうとするイスラム教復興の動きが盛んになっていくなかで、利子をとらないイスラム金融の方法が開拓される。１９７０年代に入るとその動きは本格化し、それを専門とする金融機関が作られ、拡大を続けていった。

イスラム金融では、利子をとらない代わりに、金融機関が企業と共同して事業に投資し、そこからの利益（あるいは損失）を分配する。ほかにも、シャリーアで禁じられた酒類や豚肉に関係する企業への融資やデリヴァティブなどへの投資を避けようとするところに特徴があり、節度のある金融のシステムとしても注目されている。投資がシャリーアにかなっているかどうかを判断するのは、イスラム法学者の役割である。この考え方は、ホメイニーの法学者による統治論にも結びついていく。

†東と西をつなぐイランの宗教

消えた宗教

世界の宗教についてその概要を解説しようとするとき、一般には東の世界の宗教と西の世界の宗教を分けて説明するというやり方がとられる。

東の宗教としてはインドのバラモン教からはじまって仏教、ヒンズー教へとたどっていき、その上で儒教や道教といった中国の宗教を追っていく。そして、西の宗教としてはユダヤ教からキリスト教、イスラム教へと続く一神教の系譜を追っていく。それが世界の宗教について概説する際の通常のスタイルである。

しかし、それだけでは東の宗教世界と西の宗教世界とのつながりは見えてこない。東の宗教と西の宗教はどこかでつながっていないのか。当然にも、そうした疑問がわいてくる。

実際、両者はまったく無関係に発展していったわけではない。たとえば、仏典のなかには「ミリンダ王の問い」というものがある。これはギリシア人の王ミリンダと仏教の僧侶ナーガセーナとの間の問答を記録したもので、ギリシア思想と仏教思想との対話を意味する。

あるいは仏像の背後には「光背」という光の輪があるが、イエス・キリストやキリスト教の聖人たちも「ニンブス」と呼ばれる光の輪を頭に抱いている。おそらくその原型は、ギリシア彫刻の影響を受けて仏像が造形されるようになったガンダーラ美術に求められるであろう。東の宗教世界と西の宗教世界との間には、さまざまな形での交流があった（仏教がキリスト教の成立に影響を与え、逆に大乗仏教の思想にキリスト教が影響したという説もあるが、学問的に証明されたわけではない）。

東と西の二つの宗教世界をつなぐ役割を果たした地域が古代のペルシア、つまりは現代のイランである。イランには、ゾロアスター教やマニ教といった独自の宗教が生み出された。この二つの宗教は東にも西にもその勢力を拡大し、東西の宗教世界をつなぐ役割を果たした。その点は、これまで十分に認識されていない。

「はじめに」でもふれたが、ルーマニア生まれの世界的な宗教史家ミルチア・エリアーデは『世界宗教史』(文庫版第2巻)のなかで、このイラン宗教の重要性を強調している。エリアーデは、イランにおいて生み出された宗教観念として「多くの二元論的体系の区分(宇宙論的、倫理的、宗教的二元論)、救世主の神話、洗練された『楽天的』終末論、善の究極的勝利と宇宙の救済の宣言、死者の復活の教義など」をあげ、その影響はルネサンス時代のイタリアで流行したプラトンの哲学を発展させた神秘思想「新プラトン派」にまで及んだと主張している。

ここでのエリアーデは、主に西洋の宗教の形成に対するイラン宗教の貢献について述べているが、ゾロアスター教やマニ教は、一時は東の宗教世界にも深く浸透した。

インドから中国に仏典をもちかえるためにシルクロードを旅した玄奘三蔵(「西遊記」の三蔵法師のモデル)は、各地でゾロアスター教やマニ教が信仰されている姿に接している。中央アジアにあってイラン系住民が多く住んでいたサマルカンドなどでは仏教はまったく信仰されておらず、もっぱら「祆教《けんきょう》」と呼ばれたゾロアスター教が信仰されていた。唐の都の長安には、「景教」と呼ばれたキリスト教ネストリウス派やゾロアスター教とともに、マニ教の寺院も建立された。

東と西の宗教世界に深く浸透し、大きな影響を与えたイランの宗教がこれまであまり注目されてこなかったのは、ゾロアスター教もマニ教もやがて衰えていったからである。現在、ゾロアスター教の場合にはインドやパキスタンに少数の信者がいるものの、かつての勢いは失われている。マニ教ともなれば、実質的に宗教としては消滅している。

宗教というものは意外なほど根強いもので、消滅してしまうことはほとんどない。その教えを説きはじめた教祖の死は教団にとって重大な危機をもたらすが、それによって教団が消滅してしまうわけではない。

キリスト教の例に見られるように、むしろ教祖の死に救済論的な意味を与えることで新たな信仰世界が確立され、それを基盤に発展していく。たとえ厳しい弾圧を経ても、生き残っていくのが普通である。その点ではマニ教の消滅は、世界の宗教の歴史のなかで希有な現象だと言える。

イランの宗教の特徴は、エリアーデの指摘にもあるように二元論、とくに善悪二元論を強調したことにある。この特徴が際立ってくるのは、ユダヤ教からキリスト教、イスラム教へと受け継がれたセム的一神教と対比したときである。一神教では唯一絶対の創造神を信仰の中心におき、基本的に一元論の立場をとっている。

この両者の対比と対立については、キリスト教の節でアウグスティヌスについてふれたときに言及した。アウグスティヌスは回心を遂げることで、二元論のマニ教から一元論のキリスト教へと転換を果たした。それは、キリスト教の立場からすれば、キリスト教のマニ教に対する最終的な勝利を予言する出来事として解釈できる。

歴史的には、ゾロアスター教の方がマニ教に比べてはるかに古い。ゾロアスター教を開いたゾロアスターはペルシア語のザラスシュトラの英語読みで、ニーチェの著作『ツァラトゥストラはこう語った』のツァラトゥストラのことでもある。

ザラスシュトラは、紀元前13世紀の人物であるとも紀元前7世紀の人物であるとも言われ、歴史的な年代は確定されていない。したがってその生涯について明確なことは分かっておらず、その実在に疑問がもたれたりする。それでも、ゾロアスター教の聖典である「アベスタ」の「ガーサー」には、ザラスシュトラの直接の教えが含まれているとも言われる。

ザラスシュトラは世界の創造神として「アフラ・マズダー」の存在を想定したが、一方でそれに対立する悪霊の「アングラ・マインユ」の存在も想定した。前者は善なる世界、生命、光を司り、後者は悪の世界、死、闇を司る。ゾロアスター教が、火を信仰の中心に据える「拝火教」とも呼ばれるのは、アフラ・マズダーが司る火が尊ばれるからである。

ここで注目すべきは、アフラ・マズダーとアングラ・マインユとの関係性である。ザラスシュトラは、両者は根本的に対立するものの、対等であり、もともと無関係に存在し、たまたまどこかで遭遇して相争うようになったと考えた。このように善と悪に優劣をつけないのがゾロアスター教の特徴である。

この善と悪との対立は永遠に続くものではなく、最終的には善の勝利に終わる。その点では善の方が、悪に比べて優位な立場にあることになる。だが、そこにキリスト教の最後の審判のような鮮烈な出来事が伴わない点に特徴がある。

植物の根すら抜いてはならない

このゾロアスター教の影響を強く受けるなかで、マニによって説かれた宗教がマニ教である。中国では「摩尼教」と表記された。

210年にペルシアに生まれたマニは、ゾロアスター教にとどまらず、さまざまな宗教の影響を受けている。彼の父親は貴族だったが、ユダヤ・キリスト教系の信仰集団エルカサイ教団に加わった。マニの母親の名は「マリヤム」で、マリアに関連しており、キリスト教徒ないしはユダヤ教徒であった可能性がある。マニ自身、4歳のときからエルカサイ教団で生活するようになった。

マニは、24歳のときにはインドを旅しており、そこで仏教やヒンズー教についても学んでいる。したがって、マニ教にはゾロアスター教やユダヤ教、キリスト教だけではなく、仏教やヒンズー教の影響もある。マニは預言者を、アダムとイブの三番目の子であるセトからはじまって、その系譜に属するエノシュ、エノク、シェーム、そして仏陀、ゾロアスター、イエスへと続くものととらえ、最後に出現する救い主のパラクレートこそが自分であるという立場をとった。

マニは「シャーブフラガーン」をはじめとして、さまざまな書物を書き、それはマニ教が広まった地域の言語に翻訳された。創唱宗教全体に見られる傾向として、教祖自身が書物を書き記すことは稀なことである。ただし、原文はほとんど残っておらず、翻訳や他の書物における引用としてしか伝えられていない。

マニは自分の教えを伝えることに熱心で、自ら外国での伝道に従事し、弟子たちにもそれを指示した。しかし、積極的に伝道活動を行えば既存の宗教と対立することも多くなり、弾圧されるようにもなっていく。マニは投獄され、最後には獄死している。

マニ教の世界観はゾロアスター教の影響を受け、基本的に善悪二元論である。世界は善なる創造神によって創造されたものではなく、はじめには「光明の父・ズルワーン」と「闇の王子・アフリマン」が存在していた。世界の創造と歴史は、この二つの存在の対立から生じる。ユダヤ・キリスト教の影響で、アダムやイブ、イエス・キリストといった存在がマニの語る物語のなかに登場するものの、翻訳語の混乱もあり、物語は複雑でひどく錯綜したものになっている。

注目されるのは、マニ教においては現世否定、現世拒否の傾向が強く打ちだされている点である。ここには、仏教やヒンズー教といった東の宗教の影響が見られる可能性もあり、それが善と悪との対立の物語とない交ぜになっていく。

その際に重要になってくるのが、善と悪とともにマニ教における二元論の特徴となる、霊的なものと肉体との対立である。それは善悪二元論とも深く関係し、マニ教独特の世界観を形成していく。

マニは、人間はこの世に住み、肉体を与えられたことによって苦しんでいると考えた。これはまさに、次の章で解説する仏教における煩悩の考え方に通じている。肉体を与えられたことで悪のいけにえになっている人間が唯一救われるとすれば、それは真の知識である「霊知」の獲得を通してである。この考え方はまさに、マニの前後に地中海世界に広まり、キリスト教の異端思想の代表ともされた「グノーシス主義」の思想と共通している。

仏教においては、人間が苦から解脱《げだつ》するには根本的な無知から解放される必要があると説かれ、それが後述する「四諦八正道《したいはっしょうどう》」や「十二縁起」の教えに結びついていくが、マニはそれと近い考え方をとっていたとも言える。ここでもマニ教は、東と西の宗教の橋渡しの役割を果たしているのである。

それはさらに、マニ教徒に勧められた生活のあり方にも通じていく。マニは、人間は肉体を与えられた点で物質的な存在でありながら、同時に光の本質をもっているとした。その点で両義的で、自らのうちに救済へといたる可能性を見いだしていかなければならない人間には、数々の禁欲が課される。殺生や肉食を慎み酒を控えるといったことは、仏教でも、あるいはユダヤ・キリスト教でも勧められる戒律だが、マニ教の場合にはそれが徹底されたところに特徴がある。

たとえば植物の根を抜くことさえ殺生として禁止され、メロンやキュウリといった果物や透き通った野菜だけが好ましい食べ物とされた。さらに、快楽のために性的な欲望を満たすことが禁じられただけではなく、子孫を増やすことで物質的な世界を強化することも認められなかった。

ただし、これほど厳格な禁欲を課されたのは「アルダワーン」と呼ばれる聖職者だけで、一般の信者にはそれほど厳しい戒律は課されなかった。一般の信者には性交や肉食が許されたが、その代償として輪廻転生《りんねてんしょう》を運命づけられ、アルダワーンを経済的に支えるという功徳《くどく》を積まなければ、アルダワーンに生まれ変わることはできないとされた。このアルダワーンと一般信者との関係は、東南アジアに広まった部派仏教（後述）における僧侶と一般信者との関係に似ている。

一神教は根本的に矛盾している

善悪二元論をことさら強調するマニ教のような宗教が台頭してきたのは、それがイラン宗教の伝統でもあったからだが、もう一つ重要な点として、一神教には根本的な矛盾があり、二元論はその矛盾を解消するために生み出されてきた可能性があったことがあげられる。

一神教では唯一絶対の善なる存在である創造神がこの世を創造したとされ、それが根本的な前提になっている。ところが、善なる神によって創造された世界には現実に悪が存在し、人間はそれによって苦しめられている。なぜ善なる神が創造した世界に悪が存在しなければならないのか。それは、一神教が抱える根本的な矛盾であった。

この矛盾に対して、一神教はそれを解消する答えを見いだしていかなければならなかった。一つの答えは悪の根源を悪魔に求め、その悪魔は天使が堕落したものだという解釈をとることだった。世界には、もともと悪は存在しない。しかし、天使の堕落によって悪魔が生まれ、それが悪を生み出すことになったというわけである。

それは、とくにキリスト教において強調された「原罪」の観念に示されている。人間は神によって創造された存在であり、その時点ではいっさいの悪を免れた善なる存在であったはずである。ところが、エデンの園にいた人類の始祖アダムとイブは蛇によって誘惑され、性的な快楽を知って堕落する。それ以降、人間は労働と死を免れることができなくなり、絶えず自らの罪を自覚し、罪の許しを得るために神を信仰しなければならなくなった。

こうした形で世界における悪の存在についての説明がなされたものの、それは根本的な解決とは言えなかった。それに比較して善悪二元論は、善なる世界に悪が存在するという矛盾を抱え込む必要がない。善と悪とは最初から並立しており、両者は対立を続けてきた。その方が、一神教における悪の発生の説明よりも、説得力をもつ可能性がある。

実際キリスト教の歴史のなかでは、善悪二元論を強調する人物や宗派が絶えず生み出され、その勢力を拡大していった。そうした勢力は、正統的な立場に立つカトリックのローマ教会からは「異端」のレッテルを貼られる。キリスト教には数々の異端が生まれるが、異端の最大の特徴はこの善悪二元論を説くことにあった。

異端の代表となるものが、中世においてフランスの南部やイタリアの北部に広まった「カタリ派」である。カタリ派という呼称は清浄なものを意味するギリシア語の「カタロス」に由来するが（その点でカタルシスにも通じている）、「アルビ派」あるいは「アルビジョア派」とも呼ばれた。聖地エルサレムの奪回をめざした十字軍のなかに、アルビジョア十字軍と呼ばれるものがあったが、これは南フランスからカタリ派を一掃するために組織されたものだった。

マニ教が、カタリ派の形成に直接の影響を与えたという証拠は見いだされていない。だがカタリ派の特徴はマニ教と重なっており、キリスト教における異端は「マニ教」と呼ばれることが多かった。そこには、一度はマニ教を信仰したアウグスティヌスが著した、マニ教に対する反駁書の強い影響がある。

カタリ派では、善悪二元論が強調された。この世界は基本的に悪であり、その価値は否定された。現世否定、現世拒否の姿勢がとられたわけである。魂は肉体という物質のなかに閉じ込められていて、この世の悪から逃れるためには世俗との関係をいっさい断ち切り、禁欲生活を送らなければならない。

ただし、厳しい禁欲が求められるのは「完徳者」と呼ばれる特別な信者だけで、彼らは死後すみやかに天国に行くことができるとされた。カタリ派が歴史に登場するのは11世紀はじめのことで、当時はカトリック教会の聖職者の堕落が問題視されるようになっていた。やがてフランチェスコ会のような清貧を重んじる修道会が組織されるのも、堕落した聖職者に対する批判があったからだが、カタリ派はそれを極端にまで推し進めたことになる。

このように、カタリ派の思想や救済論、そしてその信奉者に求められる極端な禁欲はマニ教の場合と共通し、その宗教世界の構造はほぼ同一である。両者の間に直接的な関係はなくても、そうした類似した宗教運動が生み出されてくる背景には、キリスト教会あるいは一神教の抱える根本的な矛盾があったと言える。

そして二元論が残った

ゾロアスター教はアケメネス朝、セレウコス朝、アルサケス朝、サーサーン朝と、ペルシアに生まれた王朝のなかで受け継がれ発展を遂げるとともに、サーサーン朝などでは国教としての地位を得た。

しかしイスラム帝国がその勢力を拡大し、ペルシアにもイスラム教が広まるようになると、しだいに衰退していく。しかもそれ以前の段階で、マニ教やキリスト教が拡大していくなかで、すでにゾロアスター教は劣勢になっていた。

イスラム教では唯一絶対の創造神が強調され、すべては神の慈悲のもとにあるという救済論が確立されていた。イスラム教は偶像崇拝を徹底して禁じることで、唯一神教としての性格を強くもつ。それに比較して、ゾロアスター教は善の最終的な勝利を約束したものの、善と悪とを並立させるという折衷的な姿勢をとった点では論理構成に弱点があった。

一方、マニ教はペルシアを中心にその勢力を拡大していったものの、サーサーン朝でゾロアスター教が国教と定められると弾圧された。またペルシアを越えてローマ帝国にも広がっていき、一時はキリスト教と覇を競ったが、やはりキリスト教がローマ帝国の国教として認められると、厳しい迫害を受けることとなった。おそらく、キリスト教と比較して明確な救済論をもたなかったことが、その衰退に結びついたのであろう。

これはあらゆる宗教に共通して言えることだが、宗教には現実の秩序や社会体制を正当化し、それを維持していく機能があるとともに、現実を批判し、その変革を促す機能がある。ゾロアスター教や、とくにマニ教に見られた現世拒否、現世否定の側面は、その意味で宗教の本質にかなっていた。

だが宗教が社会全体に広がり安定した基盤を確保していくためには、民衆に受容される必要がある。民衆が望むのは難解で複雑な宗教哲学や神学ではなく、現実の社会のなかでいかに幸福な生活を実現していくか、それに役立つ教えであり、儀式の体系である。

その点で、徹底した禁欲を説くマニ教のような宗教は民衆には好まれない。社会状況が極めて悪化し、現実の世界に生きることにまったく希望を見いだせないような危機的な事態が訪れない限り、民衆が望むのはあくまで現世利益であり、徹底した禁欲主義の信仰ではないのである。

キリスト教やイスラム教、あるいは仏教にも信仰としての厳しさがあり、禁欲主義も見られる。しかし一方で、そうした宗教においては、民衆が好むような現世利益の実現を説く教えも発達を見せた。

キリスト教やイスラム教では聖人崇拝が発達を見せたし、仏教では観音菩薩などの菩薩信仰が発展した。それは、それぞれの宗教がもつ本質的な厳しさを緩和する役割を果たす。あるいはゾロアスター教やマニ教には、その面が不足していたのかもしれない。

II　仏教はなぜヒンズー教に負けたのか——アジアの宗教

信者数では決まらない「三大宗教」

日本人は「世界の三大宗教」という言い方を好む。その際に三大宗教に含まれるのはキリスト教、イスラム教、そして仏教である。

このうち、キリスト教とイスラム教は外せない。信者の数が膨大なものに達するからである。キリスト教徒は約20億人で、68億人と言われる世界の総人口のなかで、およそ3割を占めている。イスラム教徒は13億人程度で、2割に達する。それに対して、仏教徒は4億人弱で1割以下に過ぎない。

仏教に比較すれば、インドのヒンズー教の方がはるかに信者の数は多い。ヒンズー教徒は8億人を超えるとされるから、世界の人口の1割を超えている。

中国の宗教については、共産主義政権下という特殊事情もあり、どういった状況にあるか必ずしも明確ではない。中国では、宗教活動は著しく制限されている。信教の自由はある程度保障されていても、布教などは自由にできない。法輪功のように、厳しく弾圧された宗教もある。

それでも、経済発展が続くなかで現世利益的な信仰が求められ、儒教や道教の信仰が盛り返し、仏教にかんしても復興の兆しが見えてきた。そうした中国人の宗教は、中国人が進出しているアジアの各地域においても盛んに信仰されている。もし中国本土で信教の自由が全面的に保障されるようになれば、中国は一挙に宗教大国にのしあがっていくことになるだろう。

このように、インドや中国の宗教の方がはるかにその規模は大きいにもかかわらず、三大宗教の一角を仏教が占めるのは、一つには前者が民族宗教に分類され、その枠を超えて広がった世界宗教ではないからである。仏教はキリスト教やイスラム教と同様に、民族の壁を超えてより広い地域に広がった。

ただし、仏教がその生誕の地であるインドですっかり衰えほぼ消滅してしまい、また巨大な仏教国となった中国でも衰退が著しいのに比較して、今でもヒンズー教は盛んに信仰されている。しかも民族宗教と言われながら、インド周辺のネパール、バングラデシュ、スリランカにも広がり、インドネシアのバリ島などではおよそ9割がヒンズー教徒になっている。ヒンズー教は、世界宗教としての性格を併せ持っているのである。

インドや中国の宗教は活況を呈しているとも言えるが、一方でそれらは三大宗教に比較して鮮明なイメージを与えない。その原因は、民族宗教か世界宗教かということよりも、この二つの国の中心的な宗教が必ずしも教団を形成せず、信者としてのメンバーシップが明確でないことの方にある。どちらの宗教にも信仰者を集める宗教施設は存在するものの、信仰者のあいだで同じ宗教、同じ宗派に属しているという自覚が乏しく、組織化が進んでいない。

そもそも、インドと中国はそれぞれ国家としての体裁をとっているものの、そのなかには異なる言語を用いる多様な民族が含まれており、その面での統一がなされていない。

インドでは、主要なものとして22もの言語が認められている。中国では全体の9割を超える漢民族のあいだで中国語が用いられているものの、少数民族のあいだでは別の言語が用いられている。しかも、同じ中国語でも地域によって発音が異なる。要するに北京と上海の人間とでは、ことばが通じない。その点で、インドや中国を国民国家として考えるのは難しい。最近の政治学的な議論では、「帝国」としてとらえる見方も有力になってきた。そうした点も、インドや中国の宗教の体系化や統一化を阻んでいる。

インドや中国が絶えず外部からの侵入や侵略を許してきたということも、そこに影響している。インドはイスラム教徒の度重なる侵入を受け、それが仏教の消滅した決定的な要因になったともされる。中国の場合にも、たびたび異民族の侵略を受け、それが王朝の交替に結びついた。とくにモンゴル帝国の支配によって成立した元王朝の時代には、それまで広まっていなかったチベット仏教やイスラム教がその勢力を拡大している。

インドや中国の宗教が、一つのまとまった宗教として体系化や組織化が進んでいないということは、逆に言えば多様性が確保されてきたことを意味する。どちらの国においても強固な組織構造をもつ宗教が国全体を支配することにはならず、多様な宗教が混沌と入り交じった状態が続き、それが現代にまで引き継がれているのである。

一神教の系譜を追ったI章では、ユダヤ教、キリスト教、イスラム教、そしてゾロアスター教とマニ教といった具合に、個別の宗教ごとに説明を加えていった。しかし、ここまで述べてきたことからも分かるように、東の世界の宗教について述べる際には、国や地域を基盤にした方が理解がしやすい。したがってII章では、インド、中国を中心にアジアにおける宗教の姿を追っていくこととする。

†バラモン教

西洋が生んだバラモン教・ヒンズー教・カースト

インドの宗教はバラモン教やヒンズー教と呼ばれるが、実はこうした呼称は西欧の人間の発案によるもので、インドの人々が最初に行ったものではない。仏教も含め、インドの宗教が一つのまとまりをもつものとして認識されるにあたっては、西欧近代における東洋学の発展の影響が大きい。

そして、西欧で東洋学が勃興しインドの古代宗教に関心が向けられたとき、一つ決定的な誤解が生まれた。それは、バラモン教よりも仏教の方が古いという認識である。

そうした誤解が生じるのも、当然ではあった。

というのも、西欧の人間がインドの宗教について研究をはじめた18世紀において、すでに仏教はインドから跡形もなく消え去っていたからである。その信仰は東南アジアや東アジア、そしてチベットなど、インドからすれば周辺部にしか残されておらず、逆にヒンズー教はインドにおいて盛んに信仰されていた。しかも、当時においては仏典もインド国内には残されておらず、チベット語訳や漢訳を通してしか、その内容を知ることができなかったのである（前掲『虚無の信仰』を参照）。

事実はまったくの逆で、バラモン教の方が仏教よりもはるかにその歴史は古い。この点にかんする誤解は、東洋学が発展することでしだいに解けていった。

ただここで難しいのが、バラモン教とヒンズー教とのあいだの区別である。この二つの宗教がいったいどこで分かれるのか、その点はかなり曖昧である。

一般に、インドにおける宗教の展開が説明される際には、バラモン教からはじまって、仏教、ヒンズー教の順に進められていく。ところが、こうした順に説明していくと、仏教が隆盛を迎えることでバラモン教が衰え、次に仏教が衰退した後に、ヒンズー教が誕生したかのような印象を持たれてしまう。

だが実際には、仏教が流行していた時代にもインド各地ではバラモン教が並行して信仰されていた。したがって、バラモン教を独立した宗教としてはとらえず、ヒンズー教の発展のなかに位置づけようとする試みも広く行われている。

しかし仏教が登場した紀元前5世紀頃には、ジャイナ教などの新しい宗教も勃興して、さまざまな信仰が並立し、それによってバラモン教の再編成が促されたという面があった。そのような流れのなかからヒンズー教が生まれたわけで、そこにはバラモン教との差異も見られる。そこで本書では、仏教以前の古代インドの宗教をバラモン教としてとらえ、のちのヒンズー教とは区別して説明することにする。

バラモン教はインドに土着の宗教というわけではなく、アーリア人のインドへの侵入によって生み出されたものである。アーリア人は、現在のイラン北部を出自とする民族である。

この時代、インドには土着の先住民族としてドラヴィダ人が住んでいて、彼らの手によってインダス川流域にインダス文明が栄えた。インダス文明において信仰にかかわるものとしては、動物などを刻んだ印章が名高いが、文字の解読が進んでいないため、具体的な信仰の内容についてはかならずしもよくわかっていない。

アーリア人のインドへの侵入は紀元前2000年頃からはじまり、数百年の時間をかけてインド全土に浸透していった。その結果、先住のドラヴィダ人は南インドにおいやられることになる。

バラモン教は、インドに定住したアーリア人たちが生み出した宗教である。アーリア人は、インドからヨーロッパに拡がるインド・ヨーロッパ語族の、とくにインド・イラン語派に属しており、バラモン教とイランの宗教とのあいだには共通性を見て取ることができる。たとえばバラモン教には火の神としてのアグニに対する信仰があるが、それは拝火教とも呼ばれるゾロアスター教の信仰と関連性をもっている。

バラモン教の「バラモン」とは、司祭階級のことをさす。サンスクリット語では「ブラーフマナ」と言い、その中国語の音写、婆羅門をカタカナで表記したものがバラモンである。ブラーフマナは、宇宙の根本的な原理である「ブラフマン」に由来する。

その背後には、「ヴァルナ（種姓）」という身分制度がある。バラモンを頂点に、その下には戦士階級のクシャトリヤ、庶民階級のヴァイシャ、奴隷階級のシュードラが続く。これが現代にまで引き継がれた「カースト」制度である。カーストという呼称はポルトガル語の「カスタ（血統）」に由来し、やはり外来の概念である。

バラモン教において信奉される聖典が「ヴェーダ」である。ヴェーダとは知識を意味し、最初はバラモンのあいだに口頭で伝承されていた。それが文字化されたのがヴェーダで、それは四つの文書からなっており、中心となるものは讃歌や祭詞を含む「サンヒター（本集）」である。ほかには、祭儀について解説した「ブラーフマナ（祭儀書）」、秘儀を伝える「アーラニヤカ（森林書）」、そして哲学的な内容が展開された「ウパニシャッド（奥義書）」がある。

狭い意味でのヴェーダは「サンヒター」を意味し、それはさらに「リグ・ヴェーダ」「サーマ・ヴェーダ」「ヤジュル・ヴェーダ」「アタルヴァ・ヴェーダ」に分かれる。なかでも神々への讃歌をつづった10巻の「リグ・ヴェーダ」が中心で、そこには１０２８の讃歌が含まれる。

神々の交代劇

バラモン教の神話的な世界は、典型的な多神教のそれである。数多くの神々が信仰の対象とされており、主なものをあげれば天界の中心を占めるヴァルナ、火の神であるアグニ、神酒の神であるソーマ、太陽神であるスーリヤ、契約の神であるミトラ、英雄神としてのインドラなどがある。

一神教の世界においては、世界を創造した創造神が絶対的な存在として崇拝され、それは基本的に名前をもたない神である。だが多神教の世界においては、それぞれの神々には固有の名前が与えられ、固有の特性によって区別されていて、決定的な上下関係があるわけではない。神々のなかの中心的な存在とされるヴァルナにしても、創造神と言うわけではない。

このヴァルナが信仰の対象となる以前の段階では、ディアウスという天空神が存在した。ディアウスはギリシア神話のゼウスとも語源を共通にしており、まさにインド・ヨーロッパ語族の神と言えるが、やがてはヴァルナに取って代わられた。ところが、そのヴァルナもバラモン教が発展していくなかで、その中心的な地位を失っていく。

このように、中心的な存在であったはずなのに、重要性を失い、他の神に取って代わられていく神をさして、エリアーデは「暇な神《デウス・オティオースス》」と呼んだ。実はそれはキリスト教の世界でも起こったことで、創造神としての父なる神は子であるイエス・キリストに取って代わられて暇な神となり、イエスもやがてはマリアによってその座を奪われていく。

すでに述べたように、キリスト教には多神教的な側面が見られるわけだが、多神教の世界では、神々の役割の交替や混淆といった現象は実に頻繁に起こる。アグニなどは、ヴェーダの讃歌のなかでインドラやヴァルナ、ミトラなどと同一視された。

こうしたバラモン教の神々のなかで、とくに祭儀と強い結びつきをもち、それゆえに重視されたのがアグニとソーマである。

火を飼い慣らすという行為は、人類が文化を築き上げていく上で決定的な意味をもち、どの社会においても火の神に対する信仰が生み出されていった。インドではそれがアグニという形をとったが、火をもたらすアグニは闇やそこに巣くう魔物を追い払い、病や呪いから人々を解き放つ力を有していると考えられた。

バラモン教における祭儀は、社会全体にかかわる公的なものと家庭で営まれる私的なものの二つに分けられ、火の儀礼にかんしては前者がシュラウタ、後者はグリヒヤと呼ばれる。グリヒヤには子どもの成長を祝福する通過儀礼や結婚式などが相当し、シュラウタの場合には特別な祭壇が設けられ、多くのバラモンが参加して営まれた。

ソーマは神酒であり、当然それを摂取すれば酩酊状態がもたらされる。ただし、ソーマが具体的にどういうものから作られたかについては明らかになっていない。讃歌のなかでは、ソーマを飲めば不死が実現されると歌われているが、それを用いた祭儀では、そこに参加した人間がエクスタシーを体験した可能性が考えられる。このソーマは、神格化され、神として信仰の対象ともなった。

エクスタシーは「脱魂状態」と訳され、宗教的な祭儀のなかで魂が肉体を離れていく現象のことをさす。それによって魂は天界などにのぼり、神と直接的な形で出会い、場合によっては一体化する。そしてエクスタシーを体験した人間は、特別な力を与えられることになる。ソーマと同様に不死を与えるとされた飲料がアムリタであり、これは中国において「甘露」と呼ばれた。

こうした神話と祭儀の結びつきはバラモン教にのみ見られるものではなく、あらゆる宗教に見られる普遍的なものである。イスラム教の項目でその神道との共通性に言及したが、バラモン教も神を祀るための宗教であるという点で、この両者と共通する。

ただし、バラモン教に固有のこととして重要な意味をもったのが苦行者の登場である。祭儀は公的なものにしても私的なものにしても、個人の救済ということには直接結びつかない。それに対して、苦行者は森に隠棲して隠者としての生活を送り、「タパス」と呼ばれる苦行を実践した。その苦行のなかには断食や不眠の行、あるいはエクスタシーをもたらす物質の摂取などが含まれた。

インドにはその後、釈迦やヨーガの行者など苦行を実践する人間が次々と現れ、その伝統は現代にまで引き継がれているが、そのはじまりはバラモン教の時代に求められるのである。

生きることは苦である

苦行者は個人としての救済を求めるなかで、哲学的な思索を展開していくこととなった。そうしたなかから生まれたのが、ヴェーダの最後に位置づけられることから「ヴェーダーンタ（ヴェーダの終わり）」とも呼ばれる「ウパニシャッド」である。ウパニシャッドは、紀元前800年頃から書かれた。

ウパニシャッドには「チャーンドギヤ・ウパニシャッド」（前期）、「シュヴェーターシュヴァタラ・ウパニシャッド」（中期）、「マイトリ・ウパニシャッド」（後期）などがあり、そうした聖典のなかで中心的なテーマとして取り上げられたのが「アートマン」とブラフマンとの関係である。アートマンは個人の魂、個我を意味し、ブラフマンはすでに述べたように、世界全体あるいは宇宙の原理を意味する。

アートマンはブラフマンの一部を構成するものだが、アートマンが「モクシャ」と呼ばれる解脱を果たしたならば、両者は一体化すると考えられた。この一体化が、バラモン教における苦行の最終的な目的とされるようになったのである。

アートマンの考え方は、個人という存在を実体のあるものとしてとらえるもので、後に発展する仏教においては、反対に個人としての実体は存在しないとする「無我」の考え方が強調された。この一点において仏教とバラモン教、あるいはバラモン教を引き継いだヒンズー教とは区別されるものの、仏教のなかでも密教は個我の実在を説く実在論の立場に立ち、その点でバラモン教に近く、その関係は複雑である。

ウパニシャッドでは、解脱を果たしていないアートマンは「サンサーラ（輪廻）」をくり返し、死を契機にして別の肉体に転生していくとされた。次の生においてアートマンがどういった存在に生まれ変わるかを決定するのが「カルマ（業）」である。

現世において善行を行った者は来世において報われ、よりよい存在に生まれ変わることができる。ところが悪行を犯した者は、動物や虫など、より下等の存在に生まれ変わる。こうした輪廻をくり返していくことは、結局のところ苦が永遠に継続されることを意味し、その輪廻の輪から離脱することが、苦行などの宗教的な実践の目的に据えられることとなった。

古代ギリシアなどにも輪廻の考え方は見られるが、インドでは生きること自体が苦と見なされており、その点は特異である。すでに述べたマニ教の考え方はこれに近い。中国にもインドから輪廻の考え方が伝えられることになるが、現実の世界を生きることを必ずしも苦としてはとらえない中国の人々は、インド的な輪廻の思想は受容しなかった。

むしろそれを変容させ、やがては浄土教に見られるような来世信仰を作り上げていく。

輪廻のくり返しから逃れるための解脱の方法として開拓されたのが「ヨーガ」の技法である。ヨーガは、現代において一種の健康法とみなされているが、もともとはバラモン教から生まれた宗教的な実践だった。

ヨーガということばは、「結びつけること、支配すること」を意味するサンスクリット語の「ユジュ」に由来する。仏教が誕生した後に編纂された「カタ・ウパニシャッド」（紀元前350～300年）では、感覚を制御することがヨーガであると定義されている。このヨーガを理論化したのが、仏教やジャイナ教に対抗するバラモン教の思想運動である六派哲学の一つ、サーンキヤ学派であった。

ヨーガを実践する目的は、忘却されてしまった自己の本質、真の自己に立ち返るために、覚醒を果たすことにある。忘却してしまうのは無知によるもので、霊的な知を獲得することによって、真の自己を覆ってしまっている幻の力「マーヤー」を退けなければならない。この思想はヒンズー教に受け継がれていくが、すでに述べたようにマニ教やグノーシス主義とも共通する。

バラモン教の発展として最後に言及しておかなければならないのが、二つの叙事詩「マハーバーラタ」と「ラーマーヤナ」の存在である。この二つの叙事詩は、仏教が誕生する前の時代にはすでにその概略が完成していたが、その後も発展を続け、前者は紀元前4世紀から紀元3、4世紀に、後者は紀元前2世紀から紀元2世紀にかけて現在の形に編纂されたと考えられている。

この二つの叙事詩は、基本的には王国の支配をめぐる対立を描いた世俗的な物語であり、各地を遍歴する吟遊詩人によって語り継がれた。ただし、そのなかには神々の物語も含まれており、バラモン教からヒンズー教へと発展していくインドの宗教についての百科全書的な記述になっている。

とくに「マハーバーラタ」の一部を構成する「バガバッド・ギーター」は、最強の戦士であるアルジュナと、ヴィシュヌ神の化身であるクリシュナとの宗教的な対話を含んでおり、ヒンズー教の教えについて解説した聖典として重要な役割を担うことになった。

二つの叙事詩はインド周辺諸国にも伝えられ、東南アジアでは神話的な物語として芸能に取り入れられていく。その点では、「千夜一夜物語」がアラブ世界における説話文学の基盤となったことと共通している。

†仏教

出家が築いた壮大な哲学体系

一神教について述べた際に、イスラム教とユダヤ教の共通性について指摘した。どちらの宗教においても、神の定めた「法」が重要な役割を果たしており、しかもキリスト教とは異なり、聖なる世界と俗なる世界とを基本的には区別しないのである。

仏教の場合にも「ダルマ」と呼ばれる法が重視されており、その点ではユダヤ教やイスラム教と共通するようにも見える。だが、仏教で言う法は宇宙の法則としての側面が強く、世俗の生活を律するような規範としての性格は弱い。

キリスト教との共通性ということでは、仏教においても、聖なる世界と俗なる世界とが明確に区別されている点があげられる。仏教には「真俗二諦《しんぞくにたい》」という考え方があり、究極的な真理である「真諦」と世俗的な真理である「俗諦」とは、はっきりと区別される。

この聖俗二分に対応して、仏教でも出家という行為が重視される。仏教の修行に専念するなら、世俗の世界を捨てて、聖なる世界に生きるべきだと考えられているのである。性の欲望を否定し、出家者に独身であることが求められるのもキリスト教と共通する。

また、仏教では偶像崇拝が禁止されていない。ユダヤ教やとくにイスラム教では偶像崇拝は厳格に禁じられてきたが、キリスト教では相当に緩和されている。だからこそキリスト教美術が花開き美術史を彩ってきたのだが、仏教美術もまた大いに発展し、多種多様な作品が生み出されていく。

仏教美術の代表が仏像である。仏という存在はもともと悟りを開いた人間を意味している。その点で、仏像は神のような超越的な存在を描き出したものではない。しかし信者の宗教生活のなかで仏は具体的な信仰の対象となっており、その点では他の宗教における神に近い役割を果たしている。

他の宗教において偶像崇拝が禁止されるのは、人々が偶像を礼拝することに頼りきってしまい、そこに信仰上の堕落が起こるからである。ところが、仏像を信仰の対象とする行為が、そのまま現世的な利益のみを追求する、たんなる「ご利益信仰」に堕してしまったわけではない。そこには、仏像の背景に高度な哲学思想が存在したことが影響している。

仏像は、現実的な利益を与えてくれる偶像であるにとどまらず、仏教で説かれた宇宙についての真理を体現し、その世界に信仰者を導く役割を果たした。これは、キリスト教において偶像崇拝の禁止の緩和とともに、神学体系の構築が進んだことと共通する。

さらにもう一つ、キリスト教と仏教との共通性ということで指摘しておかなければならないのは、出家した人間が聖職者として権威ある立場を確保することによって、聖職者のみによって構成される宗教的な権力機構が確立された点である。キリスト教のなかでもとくにカトリックにおいては、ローマ教皇を頂点に聖職者によるヒエラルキーができあがり、それが一般の信者を支配するようになった。

仏教の場合には、すべての宗派を統合するような強固な中央集権的な構造は確立されなかったものの、それぞれの宗派においては宗祖を頂点に抱く権威構造が作り上げられた。宗派の正しい教えは、宗祖に連なる法主などに受け継がれていく。日本では、僧侶の位階は袈裟の色やそこで使われる布地などによって区別されるようになった。

一方で、出家者が世俗の生活を離れ労働から解放されることによって、仏教でもキリスト教と同様に、出家者は信仰生活に専念できる環境ができあがる。キリスト教では、出家者は修道会に属し、修道院で生活した。修道院の経済をどのように成り立たせるかは、修道会によって異なっている。なかにはベネディクト会のように、修道士が労働に従事することを信仰に則った行為として定めるところもあったが、仏教では、僧侶が功徳を与える代わりに、在家の信者が布施をする体制が作られた。

労働から解放された僧侶は、釈迦や宗祖の教えを学び、壮大な宗教哲学や宗教思想を築き上げていった。ただし仏教は宗教哲学であるとともに、世俗的な欲望からの解放である解脱をめざす実践でもあり、いかに解脱を達成していくかで、さまざまな方法論が生み出されていった。そこにこそ仏教の宗教としての魅力がある。

古代から中世にかけて仏教は、それが生まれたインドや中国などで宗教界を席捲し、そうした地域で圧倒的な影響力を誇った。

釈迦の生涯

ここでは仏教の特徴を押さえたうえで、インドにおける仏教の歴史的な展開を追っていく。中国仏教や日本仏教については、中国と日本の宗教についての項目のなかでふれていくことにする。

仏教の開祖は釈迦である。釈迦はあくまで人間であり、キリスト教のイエス・キリストのように半分神としての性格をもっているわけではない。またユダヤ教の預言者たちやイスラム教のムハンマドのように、神のことばを媒介する存在とも違う。したがって、仏教の聖典である仏典に記されているのは、基本的に釈迦による説法であり、神からのメッセージではない。そこには、仏教の人間主義的な性格が示されている。その点で仏教は、神中心の一神教とは大きく異なる。

釈迦は紀元前5世紀に今日のインドないしネパールに生まれたとされるが、その生誕地については確定されず、今も両国が争っている。釈迦の生涯やその教えについて同時代の歴史的な資料はまったく存在せず、実際に釈迦がどういった生涯を歩み、人々にどういった教えを説いたのかは必ずしも明確ではない。

ただし、釈迦の生涯については「仏伝」と呼ばれる伝記がある。それは多分に神話的、伝説的な記述になっているが、そこには仏教の基本的な考え方も盛り込まれており、仏教を理解する上では重要な意味をもっている。

釈迦はサーキヤ（釈迦）族の王子、ゴータマ・シッダッタとして生まれ、その父親はスッドーダナ（浄飯）王である。母親は釈迦を生むとすぐに亡くなった。成長した釈迦は16歳のときに結婚し、男の子を一人もうけたが、人間がどうしても避けることができない生老病死にまつわる苦の問題に深く悩み、29歳のときに世俗の生活を放棄し、家族を捨てて出家する。バラモン教の苦行者の一人になったわけである。

出家した後の釈迦は師匠について学び、兄弟弟子たちとともに苦行を実践したとされる。仏像のなかには、そのときの姿を描き出した、やせ細ってあばら骨が浮き出た苦行像がある。ところが釈迦は、こうした行いによっては解脱に至ることができないと考えるようになり、苦行を中止する。それは、バラモン教の枠組みからの離脱を意味した。菩提樹の下で瞑想に入った釈迦はやがて悟りを開き、覚醒した者ということで「仏陀」と呼ばれるようになる。

その後の釈迦は各地を遊行してまわり、自らが悟った教えを説いていった。その旅は45年もの長きにわたり、最後は故郷にいたる途中にあるクシナーラーという場所の沙羅双樹の下で亡くなった。それは「入滅」あるいは「涅槃《ねはん》」と呼ばれ、輪廻のくり返しを脱して永遠の眠りについた点で、最終的な教えの完成として解釈されている。

果たして実際にこういう出来事が起こったのかどうか、たしかなことは言えない。だが、仏伝に描かれた釈迦の生涯の歩みは仏教徒にとって真実のものと見なされ、自分たちが歩む人生のモデルとしての役割を果たすようになった。仏伝はたんなる伝記ではなく、仏教徒のあるべき人生の道程を示す規範として機能することになる。

とくに釈迦が悟りの体験を経たということは、仏教という宗教の性格を考える上で極めて重要な意味をもった。一神教の世界では神によるメッセージが決定的に重要な意味をもつが、仏教では悟りという、こころのなかでの根本的な変化が出発点になっている。悟りの内容は高度なものとされるが、仏教の信者は何らかの手段を経ることによって、そこに近づくことができるとも考えられている。

一神教では、人間が自分自身で救われることはなく、それはもっぱら神にゆだねるしかないが、仏教では自ら救われることが可能となった。釈迦のあり方は、キリストが救世主となり、ムハンマドが最後の預言者となって、一般の人間とは一線を画す存在になったこととは対照的である。

釈迦入滅後の仏教の発展は、この悟りを得るための方法をめぐっての解釈の違いにもとづいていた。いかなる方法をとれば悟りにもっとも近づけるのか、個々の仏教思想家や個別の宗派は、独自にそれを開拓していくことになる。

すべての仏典は「偽経」である

歴史上の釈迦が、生涯にわたる説法の旅のなかで、いったいどのような教えを説いたのか。それについても、たしかなことは分かっていない。

もっとも初期の仏典である「アーガマ」(漢訳では「阿含経《あごんきょう》」)の一部に、釈迦が実際に行った説法が残されているとも言われるが、明確に釈迦のものと断定できるようなことばは確定されていない。仏典はどれも漢訳では「如是我聞《にょぜがもん》」ではじまり、かくのごとく釈迦の教えを聞いたという形式にはなっているものの、それは釈迦の真実の教えであることを保証するものではなく、仏典に統一性を与える形式的な表現にすぎない。

その後、無数の仏典が作られ、それは膨大なものに発展していく。仏典を集めたものは「一切経」ないしは「大蔵経」と呼ばれるが、現在日本で一般的に用いられている「大正《たいしょう》新脩《しんしゅう》大蔵経《だいぞうきょう》」の場合には全１００巻に及んでいる。しかも各巻は平均で１００頁あり、各頁３段組である。

仏典もそれぞれの宗教において存在する聖典の一種になるわけだが、一神教における聖典とは根本的に性格を異にしている。一神教ではユダヤ教のトーラー、キリスト教の聖書、イスラム教のコーランのように、その内容は定められており、そこに含まれないものは、いくら聖典と内容が重なるとしても公式な聖典とは認められない。キリスト教の場合、そうした非公式のものは「外典」と呼ばれる。

それに対して、仏教においては公式に定められた聖典は存在せず、どの仏典を所依《しょえ》の聖典とするかは宗派によって異なる。ある宗派が認めている仏典でも、宗派が異なれば聖典としては認められない。

仏典にかんしても、「偽経」という言い方がある。それは中国や朝鮮半島、日本など、インド以外で作られた経典のことを言う。しかし、だからといってインドで作られた仏典が、釈迦の実際の教えにもとづいているわけではない。その意味では、どの仏典も偽経であると言える。だからこそ、江戸から明治の時代に日本で唱えられた「大乗非仏説」のように、大乗仏教は釈迦の教えにもとづいていないとしてその価値を否定する考えも生まれた。公式な聖典と偽経との区別が曖昧なことは、仏教の大きな特徴である。

明確に聖典が定められている宗教においては、信仰の堕落といった事態が起こったときには、原点としての聖典に戻ろうとする試みがなされる。「聖書に帰れ」「コーランに帰れ」といったスローガンが叫ばれるわけである。

だが仏教では、そうした言い方は意味をなさない。仏典に帰ろうとしても、どれに回帰するべきなのか。それは、それぞれの宗派や個人に任される。したがって、仏教においては「正統」と「異端」との区別は成り立たない。その点で仏教は、キリスト教と根本的にその構造が異なっている。

釈迦が涅槃に入った後、その教えは弟子のあいだで記憶され、口頭で伝えられていった。しかし釈迦の教えを信奉する人間の数が増え、出家者が共同で生活する「サンガ

（僧伽《そうぎゃ》）」を基盤に仏教教団が組織され地域的にも拡大していくと、教えを文字で書き著す必要が出てきた。そこで行われたのが、「結集《けつじゅう》」という試みである。結集は何度か開かれたとされるが、弟子たちが集まって、記憶にもとづいて師である釈迦の教えを披露し、それを比較して精査した上で仏典を作ることが試みられた。

釈迦とその直弟子たちが活動した地域から考えると、結集の際には北インド東部に広まっていたマガダ語が使用された可能性が高い。しかし、マガダ語の仏典は現存しない。その後、釈迦の教えは西方に伝えられ、その地域で用いられていたパーリ語で仏典が編纂されるようになる。

煩悩はなぜ生じるか

釈迦の入滅後１００年から２００年が経って「大衆部《だいしゅぶ》」と「上座部《じょうざぶ》」への分裂が起こる。上座部は「長老部」とも呼ばれ、保守派で戒律に徹底的に従うことを求めたのに対し、その緩和を求める動きが生まれ、金銭による布施が法にかなっているとする大衆部が誕生した。

この分裂までの時代の仏教は、「初期仏教」ないしは「原始仏教」と呼ばれる。その後、大衆部と上座部がそれぞれ内部分裂を起こして「部派仏教」の時代を迎え、その後に「大乗仏教」の運動が勃興することで、仏教は大きな変容を遂げていく。

初期仏教の特徴は、バラモン教のウパニシャッドに示されたような壮大な宇宙論には関心を寄せず、もっぱら人間の「こころ」を問題にしたことにある。このこころの重視は、その後の仏教にも受け継がれていく。一神教と多神教の対比について述べた際に、むしろ神と空、神と無との対立としてとらえることの方が実情に即していると述べたが、一神教と多神教を神とこころとの対立としてとらえることもできる。空や無を認識するのは、こころにほかならない。

人間のこころに生じてくるのが各種の「煩悩」であり、その煩悩にとらわれることで人は「苦」を感じる。人が生きることが必然的に苦をともなうという認識は、仏教に限らずインドに生まれた宗教全般に共通する基本的な考え方であり、さらにその苦はバラモン教の項目で述べたように、輪廻のくり返しがもたらす苦にも結びついていく。

バラモン教では苦行を通してその苦を克服していく必要が説かれ、釈迦も出家後の修行時代にはこの苦行を実践した。だが仏教では、苦を感じる主体である自己という存在を、実在をともなわない「無我」としてとらえることで、苦やそれを引き起こした煩悩が消え去るという立場をとる。苦を感じる主体がそもそも存在しないならば、苦などあり得ないというわけである。

そこには、世界が固定化されたものではなく、生成と消滅とをくり返しており、根本的に「無常」であるという認識が働いている。無常であるなら物事が永遠に続くと考えるのは愚かなことで、それにとらわれていてはならない。それは自我あるいは個我についても言えることで、無我と無常とは一体の関係にある。

本来、世界は無常で自己は無我であり、苦を感じる必要はないはずなのだが、ではなぜ煩悩が生じてくるのだろうか。その点について、初期仏教においては「十二縁起（十二因縁）」の説によって説明されている。

十二縁起とは、人に苦が生じる過程を十二の段階に分けたもので、無明《むみょう》から発して行《ぎょう》、識《しき》、名色《みょうしき》、六入《ろくにゅう》、触《そく》、受《じゅ》、愛《あい》、取《しゅ》、有《う》、生《しょう》、老死へと進んでいくが、その最後にある老死の果てに苦が生じると考えられている。

要するに、人間が苦を感じるのは老いて死ぬという現実があるからで、なぜ老死があるかと言えば、それは人間が生を得たからにほかならないというわけである。十二の縁起を老死から遡っていくならば、最終的には無明、つまりは根本的な無知にたどりつく。人間は、物事は不変であると信じ、本質的に無常であり無我であるという事実を理解していないために、無知の状態に陥り、苦を感じてしまうというのである。

この十二縁起とならんで、初期仏教の教えのもう一つ重要な柱になるのが「四諦八正道」である。四諦の諦は真実を意味し、これは苦諦《くたい》、集諦《じったい》、滅諦《めったい》、道諦《どうたい》からなる。人間が迷うのは苦があるからで、その苦は煩悩によって生じ、煩悩がなくなった状態が仏教の求めるところであり、そのための方法が存在するということを意味する。

そして、こうした苦を滅する具体的な方法として八正道が示される。それは正見《しょうけん》、正《しょう》思《し》、正語《しょうご》、正業《しょうごう》、正命《しょうみょう》、正精進《しょうしょうじん》、正念《しょうねん》、正定《しょうじょう》からなる。正しく物事を見て、正しく考え、それを正しくことばにして表現し、正しい振る舞いを実践し、正しい生活を実現し、正しい努力を行い、正しい心遣いを示し、正しい精神統一を行うべきだというのである。

このように、初期仏教の教えは過激な苦行にも行き着かないし、反対に快楽主義にも堕しない。そのため、両者の中間を行く「中道」であるととらえられる。

これはとくにキリスト教やイスラム教について言えることだが、新しい宗教が誕生したばかりの段階では、世の終わりが近づいていることに対して警告が発せられ、根本的な悔い改めや社会の全面的な刷新などの必要性が主張される。終末論が説かれるわけである。

それに比較して、仏教の場合には、その誕生直後には極めて穏当な教えが説かれた。それも仏教が、世界全体を創造し、それを支配し、さらにはそれを根底から破壊しうる絶対的な神を信仰の対象とせず、あくまで人間のこころを問題にしたからで、そこに仏教の特異な性格を見ることができる。

しかし、こうした初期仏教の中道の教えに満足せず、よりダイナミックな教えの確立をめざしたのが大乗仏教の運動であった。大乗仏教の出現は、釈迦の入滅後700年が経ってからのこととされる。大乗仏教では、パーリ語に代わってサンスクリット語が主に用いられた。

大乗（マハーヤーナ）という言い方は、上座部のなかでもっとも有力な勢力となった

「説一切有部《せついっさいうぶ》」を小乗（ヒーナヤーナ）として貶めたところに成立したもので、大衆部や上座部の側には自分たちを小乗としてとらえる意識はない。説一切有部は、法が不滅であるととらえ、その前提の上に精緻な理論体系を作り上げたものの、その点で、すべてを無常ととらえる釈迦の教えから逸脱する傾向をもっていた。そのため、それを批判する大乗の運動を生むことになったのである。

あらゆるものは救われる

大乗仏教の立場からの初期仏教や部派仏教に対する批判がいかなるものであったのかについては、日本ではもっともなじみのある仏典「般若心経」の内容を検討することで理解できる。

「般若心経」では、すべては空であるという点が明確に主張されているが、その過程で十二縁起や四諦八正道を空とし、それが実在しないという立場をとる。「般若心経」を含む「般若経」は大乗仏教の先駆をなすもので、まさに空の思想を展開したところに特徴がある。その空の思想の理論化をはかったのが、150～250年頃に登場する龍樹

（ナーガールジュナ）である。龍樹はバラモンの出身であったとも言われるが、仏教史上最高の思想家であり、大乗仏教各宗派の源流となる中興の祖であった。

大乗仏教の仏典である大乗経典のなかには、「般若経」のほかに主なものとして「維《ゆい》摩《ま》経」「華《け》厳《ごん》経」、浄土経典、「法華経」「涅槃経」などが含まれ、多様な教えが説かれていく。

「維摩経」の主人公である維摩（ヴァイマラキールティ）は在家の長者で出家者ではないが、仏教の教えに深く通じていて、釈迦の直弟子たちをも言い負かしてしまう。そこには、在家の立場を重視する大乗仏教の特徴が示されている。

「華厳経」は、正式な名称を「大方広仏華厳経」と言う。この仏典では壮大な宇宙観が展開され、奈良東大寺の大仏となった毘《び》盧《る》遮《しゃ》那《な》仏が本尊として登場するものの、後世における思想的な影響はそれほど大きくはない。

日本では「浄土三部経」という言い方があり、「無量寿経」「観無量寿経」「阿弥陀経」をさすが、この三つを選んだのは日本の浄土宗の開祖、法然である。しかも、「観無量寿経」は中国で成立した、いわゆる偽経である可能性が高い。こうした点に示されているように、浄土経典をもとにした浄土教信仰は、インドよりものちに中国や日本で隆盛を迎える。

「法華経」は大乗仏典のなかでももっとも重要な経典で、その影響力も大きい。したがって、その信奉者からは「諸経の王」といった言い方もされる。それも、「法華経」を護持しさえすれば、あらゆる衆生が救われるとする強烈なメッセージを含んでいるからである。

「涅槃経」にはいくつもの種類があり、初期仏教の経典のなかにも含まれているが、大乗に属する「大般《だいはつ》涅槃経」では大乗の教えを誹謗する者を厳しく批判している。この考え方が後の仏教者に影響を与え、日本の親鸞や日蓮の場合のように、信仰の純粋さを求めるあまり、排他的な性格をもつ仏教思想を生み出していった。

このように、それぞれの大乗仏典で説かれた教えは、他の仏典で説かれた内容とは必ずしも重なっていない。したがって、どの仏典に依拠するかによって多種多様な思想的立場が生まれ、それがさまざまな宗派を生み出す大きな要因となった。

ただ、大乗仏教全般に共通する点としては、あらゆる存在の救済が重視され、その役割を担うものとして「如来」や「菩薩」が信仰の対象とされたことがある。

如来は悟りを開いた存在であり、そのモデルは開祖の釈迦であった。如来には毘盧遮那仏、薬師如来、阿弥陀仏、弥勒《みろく》仏などがあり、それぞれが特有の役割を果たしている。毘盧遮那仏についてはすでにふれたが、薬師如来は仏像として表現された際には左手に「薬壺」をもつところに示されたように、病を癒すなどの働きをすると考えられている。阿弥陀仏は西方極楽浄土に住まうもので、浄土信仰においては中心的な信仰の対象となっていった。

弥勒仏は、釈迦の入滅後56億7000万年後に兜率天《とそつてん》から地上におりてきて、釈迦によって救われなかった人々を救うと考えられた。そこからは、弥勒仏が一刻も早く地上にあらわれることを願う弥勒信仰が生まれる。釈迦には、それに先立って6人の「過去仏」(毘婆尸《びばし》仏、尸棄《しき》仏、毘舎浮《びしゃぶ》仏、倶留孫《くるそん》仏、倶那含牟尼《くなごんむに》仏、迦葉《かしょう》仏)がいるとされ、弥勒仏は「未来仏」にあたる。

如来がすでに悟りを開いた存在であるのに対して、その一歩手前でとどまり、現実の世界において人々の救済にあたるとされるのが菩薩である。弥勒仏は弥勒菩薩と言われることも多い。ほかに数多くの菩薩が存在するが、なかでも広範な信仰を集めてきたのが観世音菩薩（いわゆる観音）である。

観音菩薩はその姿をさまざまに変化させるところに特徴があり、そこから「変化《へんげ》観音」と呼ばれる。観音の種類としては聖《しょう》観音、千手観音、十一面観音、不空羂索《ふくうけんさく》観音、如意輪《にょいりん》観音、馬頭観音などがあり、多くの観音像が作られてきた。観音信仰を伝える仏典が「観音経」で、これは「法華経」の「観世音菩薩普門品《ふもんぼん》第二十五」に相当する。

観音が変化したり、千手観音のように数多くの手をもつのは、あまねく衆生を救うためであるとされている。

仏像の誕生

如来や菩薩のほかにも、不動明王に代表される明王や梵天、帝釈天、吉祥天など、仏教ではインドの宗教に由来する存在が信仰対象となってきた。

これに関連して重要なことは、仏教において仏像の造像がはじまった点である。バラモン教において、神像は作られなかった。それと同様に、仏教においても当初は仏像は作られず、釈迦や如来、菩薩などの姿が形にして表現されることはなかった。

信仰の具体的な対象になったのは釈迦の遺骨である「仏舎利《ぶっしゃり》」で、それを収めるためにストゥーパ（仏塔）が作られた。日本で死者の供養のために用いられる卒塔婆の語は、ストゥーパの音写である。ストゥーパは土を盛り上げて石で覆ったもので、その石の部分には釈迦の生涯などが描かれたが、釈迦の姿は描かれず、法輪などの象徴が用いられた。あるいは、釈迦の足跡を線で表現した「仏足石」が崇拝の対象になった。

そうした時代が紀元前後まで続く。仏像の起源については、西北インドのガンダーラ説と中インドのマトゥラー説があり決着を見ていないが、ガンダーラにかんしてはギリシアやローマの神像の影響があったとされている。それまでは仏教も偶像崇拝の宗教ではなかったが、それ以降、仏像の活発な造像が行われるようになり、偶像崇拝が禁止されることはなかった。すでに述べたように、そこに仏教の大きな特徴を見ることができる。

一方、大乗仏教の思想的な展開にもっとも貢献したのが、すでに名前を挙げた龍樹である。あらゆる存在や物が相互依存の関係の上に成立していることを説いた彼の「中論」は、大乗仏教史上もっとも重要な書物となり、数々の注釈書が編纂された。龍樹の教えを受け継ぐ勢力は「中観派」と呼ばれる。

その後の大乗仏教の思想的な展開としては、「如来蔵《にょらいぞう》思想」と「唯識《ゆいしき》」という二つの考え方を生んだことがあげられる。

如来蔵思想のなかで強調されるのが「仏性《ぶっしょう》」の考え方である。救済の対象となるあらゆる存在は、そのなかに将来悟りを開いて仏になる可能性を秘めた仏性を宿しているとされた。「大般涅槃経」には「一切衆生悉有仏性《いっさいしゅじょうしつうぶっしょう》」ということばがあり、これは、いかなる存在であろうと、そしてそれが、たとえいかなる悪行を犯していようと、必ず救われるとする考え方である。

大乗仏教におけるもう一つの思想的発展が唯識で、これは、すべての存在はこころに発しているとする唯心論的な考え方である。唯識説ではこころの根底に「阿頼耶識《あらやしき》」を想定し、そこにあらゆる存在を生む種子が内蔵されているとした。現代では、この阿頼耶識は精神分析学で説かれる無意識に対応するものであると考えられるようになり、唯識説は先進的な心理学の理論としても注目されている。

唯識の考え方においては、こころを統御するためにヨーガが実践された。そのため、「瑜伽行《ゆがぎょう》唯識学派」とも呼ばれた。ヨーガは前の項目で見たようにバラモン教のなかから生み出されたもので、仏教がそれを取り入れたことは、バラモン教ないしはその後のヒンズー教と仏教とが習合し、融合していく可能性を示唆している。

✝ヒンズー教と密教

増え続ける神々

仏教が勃興した時代、インドでは、同じようにバラモン教を批判する形でジャイナ教なども その勢力を拡大した。

ジャイナ教の開祖マハーヴィーラは釈迦と同時代の人間で、やはり王族の出身とも言われるが、はっきりした事実は分からない。ジャイナ教の教えでは、マハーヴィーラの前に23人の先駆者がいたとされる。

マハーヴィーラは仏陀とは異なり、苦行を続けそれで悟りに達したとされるが、その教えは生き物を殺さない不殺生の徹底など、仏教における五戒に似た戒律を厳格に守り、八正道のなかに含まれる正見などを実践しようとする点で初期仏教とかなり共通している。どちらの宗教も経典や聖職者を絶対視せず、清貧の生活を守ろうと試みた。すでに述べたように出家の在り方も共通している。

ただしジャイナ教では、1世紀末に裸行での実践を続けようとする裸行派と着衣を認める白衣《びゃくえ》派に分かれたほかは、思想的に仏教ほどの多様な発展を示すことはなかった。

こうした仏教やジャイナ教の隆盛によってバラモン教は劣勢に追いやられ、しばらくは仏教の全盛時代が続く。だが仏教の場合には、仏像が導入されることで庶民へ信仰を浸透させる道を切り開いたものの、大乗仏教の哲学は難解で、その面では一般の民衆から遊離していく傾向があった。

それに対してバラモン教のなかには、民衆のあいだに広まっていた民間信仰を取り入れ、それを再組織化していく動きが生まれる。そのことが、やがてはヒンズー教の誕生に結びついていく。ヒンズー教の形成は、すでに述べたように仏教の刺激を受けてのものので、バラモン教を再編成し、より柔軟な教えの体系を作り上げていった。その結果、6世紀ごろにはヒンズー教が仏教を凌駕するようになっていく。

ヒンズー教に対する仏教の影響としては、神像の造像がはじまったことが挙げられる。仏教において仏像の造像が盛んに行われるようになるが、バラモン教の伝統においては、バラモンの営む祭祀が中心で神像は作られていなかった。

神像が盛んに作られるようになることで、ヒンズー教は多神教としての性格をより明確にしていったとも言える。今日のヒンズー教の世界では、おびただしい数の神々の像が造られ、信仰の対象になっている。

ヒンズー教の段階になると、主に三つの神が信仰を集めるようになっていく。その三つの神とはブラフマー、ヴィシュヌ、そしてシヴァである。

ブラフマーは、ヴェーダ時代の聖典やウパニシャッドなどで説かれた宇宙の根本原理であるブラフマンを人格化したものである。司祭をさすバラモンの語も、すでに見たように、このブラフマンから派生した。ブラフマンは中国仏教では「梵」と漢訳され、ブラフマーも「梵天」と訳された。

ブラフマーは男神で、宇宙の根本原理を司ることからインドの多様な神々のなかでも最高神とされ、創造神としての役割を担うようになる。ただしその後、これから述べるヴィシュヌやシヴァが台頭してくるにつれ、その地位は低下し、エリアーデの言う「暇な神」への道をたどることになった。

ヴィシュヌは当初ブラフマーが創造した世界を維持する役割を担ったが、やがてはブラフマーを凌駕し、ヒンズー教の主神にのぼりつめていく。

ヴィシュヌについて重要なことは、一つにはそれが「化身」をもつことである。化身は神が地上にその姿をあらわしたものだが、ヴィシュヌの主な化身となったのが「マハーバーラタ」に登場するクリシュナと、「ラーマーヤナ」に登場するラーマである。ともに叙事詩のなかの英雄だが、人の姿をとることによってヴィシュヌはブラフマーがもたなかった具体性をもつことになった。

またもう一つ重要なことは、ヴィシュヌを信仰対象とする宗派が形成された点である。その背景には、西暦で言えば紀元前後に盛んになる「バクティ」の信仰があった。バクティとは信愛、献身あるいは盲信とも訳されるが、一つの神をもっぱら信仰の対象とするもので、ヴィシュヌ神への信仰からは「ヴィシュヌ派」が生まれた。やがてヴィシュヌ派は中世において盛んになっていく。これは、多神教の世界に一神教的な傾向が出現したことを意味する。

このヴィシュヌ派とともにヒンズー教の宗派として大きな影響力をもったのが「シヴァ派」であり、その信仰の対象になったのがシヴァである。

シヴァの先駆となったものは、アーリア人が信仰していた嵐と雷の神ルドラであり、破壊を司る役割を担っていた。破壊といっても、それは世界の全面的な終焉を意味するものではなく、あくまで新たな世界の創造を前提としたものである。そして、シヴァ神はさまざまな神々と結びつき多くの役割を引き受けることで、ヒンズー教のなかでもっとも重要な神となっていく。

シヴァの像は、ほかのヒンズー教の神像がそうであるように多様な形態をとるが、もっとも名高いのが4本の手をもち炎の輪のなかで片足をあげて踊っているものであり、これは「ナタラージャ（踊りの王）」と呼ばれる。ヒンズー教を一つのシンボルで表現する際には、この「踊るシヴァ像（ダンシング・シヴァ）」が用いられることが多い。

シヴァの妻はパールヴァティーで、二人のあいだに生れた子どもが象の頭をもつガネーシャと軍神のスカンダである。ガネーシャは、商売や学問の神として庶民の信仰を集めてきた。その点では、日本の稲荷神に近い。

こうしたヒンズー教の神々は、神話的な家族関係や化身の原理などを通して、お互いに融合したり新たな性格の神を生み出すことによって、ヒンズー教における多神教的な世界を形作っていった。シヴァはそのなかでもとくに重要な役割を果たし、その信者が数多くの派に分裂して多様な信仰組織を生み出していくことになるものの、一神教における創造神のような地位を確保するまでには至らなかった。

なお、日本のオウム真理教はシヴァ大神を主宰神としたが、シヴァが破壊を司る神であったことが教団のたどった道を暗示している。

性的な力への信仰

ヒンズー教においては、輪廻や業などバラモン教からさまざまな宗教的観念を受け継ぎ、さらには仏教などの影響を受けつつ、その新たな組織化、体系化を推し進めていくことになる。そして、宗教的な実践としてはやはりヨーガが重視され、2世紀から4世紀にかけては、その経典となる「ヨーガ・スートラ」がパタンジャリの名のもとに編纂された。

こうしたヨーガとも関係するが、シヴァ派のなかでは、しだいに「シャクティ(性力)」に対する信仰が確立されていく。宇宙の誕生からその成長の過程を性的な行為になぞらえて理解することは、かつては未開、原始と呼ばれたアフリカやオーストラリアの伝統宗教にも見られることで、その際には、男性原理と女性原理が融合することで、この世界が形成されたという解釈がとられる。

ヒンズー教ではそれがヨーガの技法と結びつけられ、身体のなかに眠っている性的な力である「クンダリニー」を覚醒させ、会陰から頭頂まで身体の7箇所にある「チャクラ」を開いていくことで、解脱を果たしたり呪術的な力を身につけたりすることができると考えられるようになる。これはヒンズー教独自の技法であり、やがては仏教にも影響を与え、密教の形成を促すことになった。

もう一つヒンズー教に特徴的なこととしては、牛が信仰の対象になっている点があげられる。牛はシヴァの乗り物であり、ヒンズー教徒は牛を食用にすることはない。

宗教の世界では神の命令、指示によって特定の食物をとらない「食物禁忌」がよく見られ、ユダヤ教やイスラム教においては豚を食べることが禁止の対象となっている。ただし豚が神が定めた規定、すでにふれたカシュルートに合致しないがゆえに食用から外されているのに対して、ヒンズー教では牛が神聖であるがゆえに禁忌の対象になっている。

バラモン教を基盤にしてその発展形態としてヒンズー教が形成され、民衆の信仰を集めることで、仏教はしだいに劣勢に立たされていくが、その再興をはかるためにヒンズー教の信仰を取り入れて形成されたものが「密教」である。密教は神秘主義的な仏教の教えであり、秘密仏教や真言密教とも呼ばれる。それに対して密教以外の一般の仏教は「顕教」と呼ばれる。

仏教は初期仏教から部派仏教を経て大乗仏教へと発展していったが、密教は大乗仏教の発展史のなかでも最終的な段階で登場した。とくに密教の形成に大きな影響を与えたのが、ヒンズー教においてシャクティの信仰を背景に生まれた「タントラ」と呼ばれる聖典の誕生で、それは5、6世紀にさかのぼるとされる。

タントラの考え方に影響され、仏教の世界でも多面多臂《ためんたひ》の仏像が作られるようになった。不動明王などの明王像や、十一面観音などの観音像が出現する。そして密教の経典が編纂されるようになり、その体系化が推し進められた。密教と言えば、諸仏を配して仏の世界を表現した曼荼羅が名高いが、その登場は7世紀頃と言われる。

一般に、仏教における密教の展開は初期、中期、後期の三期に分けられる。初期密教は「雑密《ぞうみつ》」などと呼ばれ、体系化が進められる前の、サンスクリット語の呪文である真言や陀羅尼《だらに》を唱えるだけの素朴なものである。中期密教では、密教の信仰を体系化するのに貢献した「大日経」や「金剛頂経」といった密教特有の経典が編纂されるようになる。中国や日本には、この中期密教までが伝えられた。

しかしインドでは、その後も密教はさらなる展開を続け、よりヒンズー教に接近し、意図的に通常の倫理道徳にさからうことで、日常を超えた世界に行き着くことをめざす後期密教が形成されていく。この後期密教は中国や日本にはほとんど伝えられなかったが、チベットには伝えられることになる。

後期密教においてはさらにヨーガの技法が積極的に活用され、男性原理と女性原理の融合を象徴する男女合体の歓喜仏《かんぎぶつ》が信仰の対象となっていった。性交による快楽が、宗教的なエクスタシーの極限的な形態を示すモデルの役割を果たしたのである。同じ密教でも、中国や日本の密教と、色彩豊かで官能的なチベットの密教とではその世界が大きく異なっている。

密教が仏教を消滅させた

仏教がヒンズー教を取り入れ密教を形成したことは、その勢力を盛り返す上で効果的であった。密教では、経典を通して教えを伝えるだけではなく、複雑な儀礼を実践することによって神秘的な力を呼び出し、それによって現実を変容させることができると説かれた。さらには、ヨーガの行法を用いることで身体を変容させ、修行者は霊的な力を備えることができるようになる。

初期仏教は、煩悩から解放された生活を営むことを目的とした信仰であり、中道ということばに象徴されるように、極めて穏健なものであった。大乗仏教になると、壮大な宇宙論が展開され、哲学的な理論が深められ、なおかつあらゆる人間の救済が説かれたものの、その内容は観念的で必ずしも具体性をもっていなかった。

密教の強みは、そこに具体性を与えられることにあった。ただし、密教はヒンズー教から多くのものを取り入れて成立しただけに、ヒンズー教のなかに溶け込んでいってしまう危険性があった。仏教がその誕生の地インドから消滅していった原因としては、イスラム教徒の侵入などもあげられる。だが根本的には、密教という形態を取ることでヒンズー教に接近し、その区別がつかなくなったことが大きく影響した。

仏教が空の立場を強調したのに対して、ヒンズー教はあくまで実在論の立場をとり、ブラフマンとアートマンの一体化を説く六派哲学などが隆盛を迎える。ただし8世紀のシャンカラのように、宇宙の根本原理であるブラフマンは人格や属性をもたないとして、仏教の空の立場に近いような議論を展開し、それによって仏教をヒンズー教のなかに取り込むことに貢献するような思想家もあらわれた。釈迦についても、ヒンズー教では主神の一つとされたヴィシュヌの化身だという解釈がなされ、やはりヒンズー教の枠のなかに取り込まれていった。

こうして12世紀頃に、インドでは仏教がヒンズー教のなかに吸収されてしまった。その後、ヒンズー教と対立関係におかれたのがイスラム教である。16世紀にはイスラム王朝であるムガル帝国がインドに成立し、イスラム教の影響が強くなっていく。

中世のヒンズー教における「バクティ運動」の形成には、同じく神への献身を強調するイスラム教の神秘主義であるスーフィズムの影響があると言われる。しかし、この根本的に性格の異なる二つの宗教が融合していくことにはならなかった。両者はつねに対立関係におかれ、第二次世界大戦後には、イスラム教国家としてのパキスタンやバングラデシュのインドからの独立や、双方の武力をともなった衝突といった事態を生むこととなる。

ヒンズー教は、経済的な発展が著しい現代のインドにおいても生きた信仰として機能しており、多くの神々が信仰の対象となるとともに各種の儀礼や祭、占いなどが実践されている。出家して修行に専念する「サードゥ」と呼ばれる苦行者も多く、なかには寝ないなど、特異な修行を売り物にしていたりする者もいる。

あるいは、インドの独立に貢献したマハトマ・ガンジーは「非暴力」を掲げたが、その思想はヒンズー教において重視される不殺生の考え方に由来する。その一方で、ヒンズー教のもとでもバラモン教以来のカーストが存続するなど、その封建的な性格が問題になってきた。また現代においては、イスラム教原理主義に対抗する形でヒンズー教原理主義が台頭するなど、新たな問題も生まれている。

ヒンズー教は民衆の生活に深く根差し、その分多様で混沌とした宗教世界であるだけに、その近代化には多大な困難が伴うのである。

なお今日のインドには、仏教に改宗する人間が生まれている。彼らはカーストによる差別を嫌って、平等思想を説く仏教に引かれたのだが、そうした人たちがあらわれるのは、ごく最近になってからのことで、彼らのなかで仏教への信仰がずっと維持されてきたわけではない。

†中国の宗教

思想なのか、宗教なのか

中国には、固有の宗教として儒教と道教が存在する。ともに古代に生まれ、現代にまで受け継がれている。だがこの二つにかんしては、宗教であるかどうか判断が分かれてきた。

儒教には孔子という開祖がいる。道教にも老子という開祖がいる。そして孔子のことばは「論語」という聖典に記され、老子の教えは「道徳経」に記されている。道徳経は「老子」と呼ばれることも多い。道教では老子とともに荘子が創始者と見なされており、二人の名前から、道教の思想は「老荘思想」とも呼ばれる。孔子や老子は紀元前6世紀、荘子は紀元前4世紀から3世紀の人物とされるが、その歴史性については他の古代に誕生した宗教の場合と同様に、たしかなことは言えない。

このように儒教と道教には開祖と聖典があり、その点では宗教としての十分な資格を備えているようにも見える。それでも宗教か否かの議論があるのは、ともに教師や信者によって構成される教団や、聖職者と言えるような専門の指導者が存在しないからである。

道教の場合には後に教団が組織されるようになるが、それは2世紀の太平道や五斗米道以降のことで、道教の信者の多くが教団に組織されたわけではない。道士という専門家も生まれたが、神秘主義的な実践を行う民間の宗教家という範囲を出ることはなかった。

したがって孔子の思想を伝える流派ということで「儒家」が、同様に老荘思想の流派ということで「道家」の語が用いられることも多く、宗教というよりも思想の系譜としてとらえられる傾向が強い。さらに、儒教や道教の信仰をもつということがいかなることなのか、入信するための形式が必ずしも明確ではなく、その点でも宗教の範疇に含めるのが難しい。

そもそも、中国人は現世を中心に考える傾向が強く、超越的なものへの関心は薄い。儒教には「天」の観念があるものの、天にあって人間に対して強い影響を与える絶対的な神といった存在は想定されない。創造神話も存在するが、世界全体を無から作り上げる創造神の観念は欠けている。道教でも陰陽五行説にもとづく宇宙観が説かれ、神仙や鬼などの実在が想定されてはいる。けれども、その主たる関心は現世利益の実現におかれており、現実を超越した世界への関心はやはり薄い。

儒教にしても道教にしても、一方では哲学や思想、倫理としての側面が強く、またも う一方では民間信仰的な側面が強い。いずれも、宗教の本質をなすと考えられる超越性には乏しい。キリスト教や仏教に見られる聖と俗の分離もなく、ユダヤ教やイスラム教のような神が定めた絶対的な法に従うという考え方も欠けている。その点でも、宗教と断定することが難しくなってくるのである。

中国では紀元前17世紀という、かなり古い段階で殷王朝が樹立され、独自の文明が花開く。その時代には天空神に対する信仰が生まれ、祖先神も信仰の対象になっていたとされる。そして、天命によって王座についた王は神聖な存在と見なされ、王に十分な徳が備わり正しい政治を行うならば、世界の秩序は保たれるといった考え方が確立された。重要なのは、為政者の人格という人間的な要素なのである。

そうした中国文明の思想を背景に、それを思想として体系化したのが紀元前6世紀にあらわれた孔子であった。孔子は宗教体験を通して神のメッセージを伝えたり、自ら修行して悟りを開くといった経験をしたとは伝えられておらず、その点では宗教家と言うよりも思想家であり、道徳家としての側面が強い。

ただ、論語にまとめられたその教えは高い精神性をもつもので、伝統的な天空神や祖先崇拝を否定せず、むしろそれに忠実に従うことを説いた。論語については、孔子ひとりの思想をまとめたものではなく、複数の思想家の教えをまとめたものだとも考えられている。

とくに重要な概念が「道」である。これは儒教にかぎらず中国の宗教全般の基本となる考え方であり、後にはインドから伝えられた仏教にも大きな影響を与えた。その点は、仏教が「仏道」と呼ばれていたところに示されている。

道とは、天によって定められた、人が実践しなければならない生き方であり、規範である。孔子は、人が道を実践するにあたって仁、義、礼、智、信からなる「五常」を重視した。仁とは人に対する思いやりであり、義は自己の利益にとらわれないことである。礼は上下の関係を重視することで、智は学問に励むこと、信は信頼に値する行動をとることを意味する。この五常すべてを実践できる人間が、儒教において理想とされる人格であり、何よりも為政者に求められる資質とされた。

論語のなかには「怪力乱神を語らず」ということばがあり、儒教では、理性によっては説明できない神秘的な事柄については、それを扱わないと宣言している。また「いまだ生を知らず、いずくんぞ死を知らん」ということばもあり、死や死後のことを問題にせず、現世に徹底する姿勢が貫かれた。

　ただし孔子没後の儒教においては、孔子を教祖的な存在として信仰の対象とすることや、祖先祭祀を重視するなど、論語の教えとは必ずしも合致しない傾向が目立つようになる。また宇宙の働きを陰と陽の対立から説明する陰陽説や、木火土金水の五つの要素の影響と相剋の関係から説く五行説などが取り入れられ、神秘主義的な要素もあわせもつようになっていった。

　この儒教以上に民間信仰的な要素を取り入れ、神秘主義的な傾向を強く見せていくのが道教である。

　道教においても、その名が端的に示しているように道の観念が重視された。しかし道教における道は、儒教における規範的な意味合いは弱く、宇宙の究極的な本源、本質といった意味をもっている。実際道徳経の冒頭では、「ことばで表現できる道は、永遠の道ではない」と説かれ、その神秘性が強調されている。

　道教における宗教的な実践においては、不老不死の霊薬を作ることや、神秘的な力を発揮する「仙人」になることなどもめざされた。しかし中国の民衆が道教に期待したのは、あくまで現世利益の実現であり、現世における苦難を取り除き、幸福を実現してくれることであった。したがって、道教は民間信仰を集大成したものへと発展していく。

なお、孔子や老子は紀元前6世紀から5世紀の人物であり、釈迦の年代とも近い。ドイツの哲学者であるカール・ヤスパースは、この時代の前後に中国の諸子百家、インドのウパニシャッドの哲学や仏教、ジャイナ教、旧約聖書における預言者、そしてソクラテス、プラトン、アリストテレスといったギリシアの哲学者が相次いであらわれたことをもって「枢軸時代」と呼び、人類の精神的な覚醒がこの時代に起こったととらえている。

現世中心主義の国民性

中国にインドから仏教が伝えられた時期については必ずしも明確ではないが、紀元前後のことだったのではないかと推測されている。重要な点は、仏教が取り入れられた時点で、中国においてはすでに儒教や道教といった体系性をもつ宗教思想が存在していたことにある。

とくに、仏教が説く教えの内容は老荘思想とかなり似たところをもっていた。仏教の項目でも述べたように、大乗仏教においては「空」の考え方が強調され、すべてを空として見ることが求められる。道教には、この空と似たものとして「無」の考え方があった。中国の人々は仏教の空を知る前に道教の無を知っていたわけで、空を無として受け入れることができたのである。

その点は、一方では外来の宗教思想としての仏教が容易に中国に受容されることに結びついた。しかし、もう一方では仏教の中国における変容を促すことになる。

インドにおいては仏教にかぎらず、現実の世界に生きることは苦として認識されていた。しかも輪廻の思想があり、輪廻することで動物や餓鬼などに生まれ変わる可能性があり、生まれ変わりをくり返すことで苦はいっそう強まると考えられていた。したがって、宗教の目的はこの輪廻からいかに脱するかにおかれており、仏教もまた現世否定の側面を強くもっていた。

ところが中国においては、ここまで見てきたように、儒教においても道教においても現世の価値は否定されず、いかに現世においてよりよい生を送るかに重点がおかれる。道教では世俗を離れる遁世が説かれ、隠者の宗教としての側面をもつが、その際にも、現世そのものの価値が全面的に否定されたわけではなかった。

中国仏教はインド仏教に見られる現世否定の側面をそぎ落とし、むしろ現世に生きることに価値を見いだす教えへと変容を遂げていった。死後の生まれ変わりについても、それを苦としてとらえるのではなく、浄土に生まれ変わることをめざす来世信仰へと転換していったのである。

現世中心主義の代表が、6世紀に智顗《ちぎ》によって開かれた天台宗の教えである。智顗は「法華経」をもっとも重視し、そこにこそ釈迦の真実の教えが説かれているという立場をとった。「法華経」は、すでに述べたように、すべての衆生の救済を強調する経典であり、現世における救いの可能性を切り開くものであった。

また智顗は「摩訶止観《まかしかん》」といった書物において、瞑想の技法としての禅についても説いており、中国において禅宗が確立される基礎を作った。禅宗もまた、インドにはない中国独自の宗派である。ヨーガを修行の方法とする後期密教が中国に取り入れられなかったのも、すでに禅が存在したからかもしれない。

一方、来世信仰の代表が浄土教である。浄土教を開いたのは5世紀から6世紀にかけて活躍した曇鸞《どんらん》で、阿弥陀仏の住まう西方極楽浄土に往生し、成仏することを説いた。すでに述べたが、浄土三部経のうち「観無量寿経」が中国で編纂された可能性が高い点にも、浄土教の信仰がインドではなく中国で強調されるようになったことが示されている。

変容し続ける中国仏教

キリスト教の場合には、イエス・キリストの教えは「福音（良き知らせという意味）」と呼ばれ、福音を広く伝えていくことが信者の務めであると考えられている。そのため、キリスト教の教えを広める「宣教」という行為が重視される。

これに対して、仏教で重視されるのは「求法《ぐほう》」である。求法とは、仏法を求めることをさす。仏教には「弘法《ぐほう》」ということばもあり、仏の教えを広めることを意味する。また日本の日蓮が強調したように、強引な布教の手段を辞さない「折伏《しゃくぶく》」といった方法もある。だが仏教の歴史全体を考えてみると、それは求法の歴史にほかならない。

中国とインドとは地続きであるものの、そのあいだには険しい高山がたちはだかっている。最初、仏教の経典をサンスクリット語などから中国語に翻訳したのは、4世紀から5世紀初めの鳩摩羅什《くまらじゅう》に代表されるような、インドや西域からやってきた仏僧たちであった。

しかし中国で仏教が広まっていくと、インドに仏典を求め、それを中国人自身が翻訳しようとする気運が高まり、7世紀の玄奘三蔵などがインドをめざして旅だっていく。「西遊記」の三蔵法師のモデルである玄奘は、長期にわたる困難な旅の末、数々の仏典を中国にもたらすことに成功し、それを新たに翻訳して、中国仏教興隆の礎を築いた。

こうした玄奘をはじめとする求法僧たちの努力もあり、中国における仏教は隆盛を迎えていく。そして、中国の影響が強かった朝鮮半島やベトナム、日本など、いわゆる「漢字文化圏」に中国化された仏教が伝えられることになる。

ただしすでに述べたように、中国には仏教が伝えられる以前から儒教や道教の伝統があり、それは仏教が取り入れられてからも消滅することはなかった。したがって中国仏教は、儒教や道教との対立と融合のなかでその歴史を展開していき、つねに変容を強いられていくことになる。

また中国では、漢民族以外の異民族が侵入し王朝を築くといった事態がくり返され、それも仏教を変容させ、ついには衰退させる要因となった。たとえば、13世紀から14世紀にかけて君臨した元王朝はモンゴル人の王朝であり、その時代には、チベット仏教が中国の国教となる。

イスラム教の場合にも「回教」としてウイグル族の地域などに広まり、また漢民族の社会にも一定程度の改宗者を生んだ。しかし、インドのようにイスラム教が広く浸透し、一大勢力になることはなかった。それは、近世から近代に入って伝えられたキリスト教についても同様である。

仏教が中国社会に浸透したことで、伝統的な儒教や道教もその影響を受けた。儒教においては、勢いを得た仏教と対抗するために、時代に即した形でその教えを再解釈していくことが求められるようになる。宋の時代に発展した朱子による朱子学などがその典型で、そこには禅宗などの影響があり、理と気から宇宙の原理を説明し、その上で人間のあり方を把握しようとすることが試みられた。

道教において教団が組織されたのも仏教の影響であり、道教の寺院である「道観」の形成や道士の誕生も、仏教に対抗するための手立てにほかならない。そのような形で組織化された道教は仏教を弾圧する側にまわることもあり、中国では「三武《さんぶ》一宗《いっそう》の法難」と呼ばれるように大規模な廃仏が5世紀から10世紀にかけてくり返し起こった。

もう一つ、中国の宗教について指摘しておかなければならないことは、第二次大戦後における共産主義政権の影響である。中国全体を支配するようになった中国共産党は、信教の自由を認めてはいるものの、布教活動については制限を加えるなど、宗教を国家の管理下におく政策をとってきた。

とくに1960年代に起こった文化大革命の時代には、伝統的な宗教は封建的なものとしていっせいに排撃の対象となり、それぞれの宗教は大きな打撃を被った。その時代には「批林批孔運動」が展開され、毛沢東の政敵であった林彪《りんぴょう》とともに孔子が批判の対象となり、儒教からの脱却が唱えられた。

しかし儒教の伝統は根強く、中国に市場経済が導入されて以降はその見直しが行われるようになってきた。仏教にかんしても、現世利益を説く道教の影響を色濃く受けたものが、ふたたび信仰の対象として注目されるようになり、寺院の復興なども進んでいる。

経済成長や近代化は必ずひずみを生み、社会的な格差を拡大するが、その際には、社会の発展から落ちこぼれた人間を救済する新宗教への関心が高まる。「はじめに」でもふれたように、一時その勢力を急速に拡大させた気功集団「法輪功」には、そうした新宗教としての性格があったが、中国共産党政府はそれを厳しく弾圧した。キリスト教の地下教会も拡大していると言われる。

これからの中国において宗教がどういった展開を見せていくかは、中国社会の行く末を見定める上でも注目される事柄である。

†伝播するヒンズー教と仏教

インド、中国からアジア各地へ

ここまでインドと中国における宗教の歴史を見てきたが、その理由は言うまでもなく、アジアにおける大国と言えば、この二国にほかならないからである。二つの国は領土も広く、人口も圧倒的に多い。宗教的な面でも、周辺諸国に対して強い影響を与えてきた。そうした影響を踏まえつつ、本章の締めくくりに、それ以外のアジアの国々の宗教事情についてもふれておく。

ヒンズー教の場合には、すでに述べたインドの周辺地域だけではなく、一時は東南アジアにも広まっている。「マハーバーラタ」や「ラーマーヤナ」といった英雄を主人公とする叙事詩は、そうした地域において神話的な物語として受容された。

またカンボジアにあるアンコール・ワットなどの遺跡は、もともとは12世紀にヒンズー教の寺院として建立されたもので、その壁面には「マハーバーラタ」や「ラーマーヤナ」に登場する場面が彫刻されている。その後、仏教寺院に改築されており、この地域においてヒンズー教から仏教への改宗が進んだことが示される。

東南アジアにおいて今日でもヒンズー教が信仰として受け継がれているのは、インドネシアのバリ島に限られる。バリ島におけるヒンズー教は「バリ・ヒンズー」と呼ばれ、特異な舞踊や音楽を生み出してきた。しかし東南アジア全体を考えると、ヒンズー教は根づかなかったと言える。

もう一つ、東南アジアに根づかなかったものが大乗仏教である。

東南アジアにはインドから仏教が伝えられ、一時期は大乗仏教が信仰された時代もあった。だがイスラム教徒の侵入などもあり、大乗仏教は衰えた。仏教の信仰そのものが盛衰をくり返していくなかで、その後、東南アジアには上座部仏教が改めて伝えられ、それがスリランカ、ビルマ（現ミャンマー）、タイなどで定着していく。

上座部仏教の特徴は厳格な出家主義が守られている点にあり、その点で在家仏教の傾向が強い大乗仏教とは異なっている。上座部仏教の僧侶は僧院で集団生活を営み、生産活動をいっさい行わない。食事は一日一度托鉢を行い、在家信者からの布施を受ける。布施をする在家の側は、それによって徳を積むことができると考えられており、そこに僧侶と在家との相互依存の関係が作り上げられている。

上座部仏教が信仰されている国々では、サンスクリット語ではなくパーリ語の経典が共通に読まれ、そこに記された教えが実践されている。こうした形態は、初期の仏教に近いのではないかとも考えられる。

上座部仏教は、思想的な面では大乗仏教ほど多様で華々しい展開を示さなかった。しかし、出家した僧侶は戒律に則った生活を実践し、在家の信徒からの尊敬を集めてきたことから、人々の生活のなかに根差し、永続性をもった。また在家であっても、青年期に一時寺に入り、僧侶としての生活と修行を実践する体制も作られており、青年の大人へのイニシエーションとして一定の社会的な機能も果たしている。

インドから直接仏教が伝えられた、もう一つの地域がチベットである。チベットには中国からも仏教が伝えられており、他の地域には見られない特異な発展をとげていく。

７世紀の時点でソンチェンガンポ王がチベット全体を統一し、あわせて仏教に帰依するようになる。王は重臣の一人をインドに送り、仏典を請来《しょうらい》させた。その際に文字も伝えられ、サンスクリット語の仏典がチベット語に翻訳されるようになる。その後、チベットにはインドから高僧が迎えられると同時に、中国からも禅僧が迎えられた。しかし両者のあいだの法論の結果、インド僧が勝利をおさめたことから、それ以降はインド仏教が中心になっていく。

一時仏教は衰退し、およそ１００年にわたって廃仏の時代が続くものの、11世紀になるとふたたびインドから仏教が伝えられ、その再興がはかられる。如来蔵思想や唯識、あるいは空を重視する中観派の教えなどが取り入れられ、戒律の復興運動も起こった。

しかしチベットの仏教において重要なことは、そうした顕教だけではなく、密教が伝えられたことにある。しかもその密教は、中国や日本に伝来した初期密教あるいは中期密教ではなく、後期密教だった。すでに見たように、後期密教はヒンズー教の神秘思想、とくにシャクティの信仰の影響を受け、ヨーガの技法を用いた修行の実践を重視した。男女合体の歓喜仏が信仰の対象となったことも特徴で、チベットには官能的な要素を含んだ密教文化が花開き、それが今日まで受け継がれてきている。

もう一つ、チベット仏教の特徴は「活仏《かつぶつ》」の信仰にある。活仏は如来や菩薩が人間に化身したもので、その人間が亡くなると別の人間に転生すると考えられている。そうした活仏の思想から生まれたのがダライ・ラマやパンチェン・ラマといった高僧の制度で、ダライ・ラマの場合には政治的な支配者を兼ね、チベットの社会に君臨することになった。

中国から仏教が伝わった地域としては、中国宗教の項目でもふれたように、漢字文化圏に属する朝鮮半島、日本、それにベトナムが該当する。

朝鮮半島は中国と地続きであるために、日本より早く仏教が伝来した。北部の高句麗に、はじめて仏教が中国から伝えられたのは372年のことであったとされ、5世紀のはじめまでに他の地域にも伝えられる。

それ以降、朝鮮半島における仏教は、中国の影響を受けつつ隆盛にむかっていく。日本と同様に、法相《ほっそう》や華厳の教えからはじまって密教や浄土教思想、観音信仰や弥勒信仰、あるいは天台や禅宗の教えが盛んに取り入れられ、各種の仏像も造像されていった。朝鮮半島では、やはり中国から伝えられた道教との習合も進み、現世利益をもたらす祈禱なども実践されるようになる。

日本に仏教を伝えたのは百済の聖明王であり、その後も朝鮮仏教は日本仏教の形成に大きな影響を与えていく。ただ日本との大きな違いは、14世紀の終わりに朝鮮半島を統一した朝鮮王朝（李氏朝鮮）のとった宗教政策である。朝鮮王朝は儒教を国教とし、くり返し廃仏を行ったことから、中世の朝鮮半島において仏教は衰退していくことになった。

日本については章を改めて述べるが、もう一つ、中国から大乗仏教が伝えられたのがベトナムである。今日のベトナムでは漢字は使われていないが、かつては漢字文化圏に属していた。とくに重要な点は、中国の官吏登用の制度である「科挙」が11世紀から開始され、1919年まで継続されたことである。

そうした中国との密接な関係から、ベトナムには大乗仏教が伝えられ、それが今日にまで受け継がれている。上座部仏教の影響はそれほど受けていないものの、僧侶が戒律を守り、独身を通して菜食や禁酒を実践する点で、その形態はむしろ上座部仏教に近い。

豊かな宗教世界

ヒンズー教や仏教とは別に、アジアに浸透した宗教としてはイスラム教とキリスト教があげられる。

イスラム教は中東から発し、中央アジアや南アジア、東南アジアの広範な地域に広がり、一大勢力を築き上げてきた。インドネシアなどは人口が多いため、世界で最大のイスラム教国となっている。ただし一神教的な性格が強いイスラム教は、アジア土着の宗教と対立関係に陥ることも少なくない。

キリスト教はアジア各地にさまざまな形で影響を与え、信者を獲得していったものの、それが支配的な宗教となっている国はフィリピンにかぎられる。フィリピンにキリスト教が広まるのは、スペインによって植民地化された16世紀からのことである。次いでフィリピンを統治したアメリカがキリスト教国であったこともあり、国民の90パーセントがキリスト教徒で、その大半がカトリックの信仰をもっている。

フィリピンの場合には、植民地化される以前の段階でインドや中国の影響を受けることが少なく、文化的あるいは宗教的な意味で空白地帯であった。そのために、キリスト教が伝えられると国全体に広がったのである。

同じことが、今日の韓国についても言える。儒教が一時国教化されることで、朝鮮半島では仏教が衰え宗教的な空白ができた。戦後の経済発展のなかで、その空白を埋める形でキリスト教が広まったのである。現在、韓国ではキリスト教徒の占める割合は30パーセント程度とされている。ただし、韓国のキリスト教には新宗教的な要素が取り入れられ、布教師が神憑《かみがか》りするなど、日本人がイメージするエリート宗教としてのキリスト教からは遠い部分がある。

ほかに、ここまでふれてこなかったアジア生まれの宗教としては、16世紀にグル・ナーナクがインドではじめたシク教がある。シク教はインドに生まれた宗教ではあるが、一神教的な性格があり、あらゆる宗教で信仰されている神は同一であるという立場をとる。

ベトナムには、20世紀に誕生した新興の宗教としてホアハオ教とカオダイ教がある。前者は、仏教を基盤に儒教の先祖祭祀の影響を受けている。後者は「天眼」と呼ばれる目がシンボルで、世界の諸宗教の開祖や、李白、ソクラテス、トルストイ、ヴィクトル・ユゴーなどを聖人として崇拝の対象としている。

このように、アジアにおいてはさまざまな宗教が共存し混淆することで、複雑な信仰世界が作り上げられている。そのことは宗教世界の豊穣さに結びついている。ただし、地域全体に共通する単一の宗教が存在しないことで、宗教が文化的にアジア全体を統合する機能を果たすことがない。それは、アジアを政治的、経済的に統合しようとする際の足枷《あしかせ》にもなっている。

III　日本人は「無宗教」か——日本の宗教

特異な伝統の裏返し

世界の宗教について概観した後、最後に日本の宗教についてふれたい。いったい日本の宗教は、世界の宗教のなかでどう位置づけられるのか。その特徴について考えてみたい。

日本人は、自分たちのことを「無宗教」と表現することが多い。無宗教ということばは、外国語に翻訳することが難しい。神の存在を否定する無神論とは違うし、宗教は科学に反しているとする宗教否定とも違う。日本人は宗教と関係をもたないわけではなく、むしろ逆に密接な関係をもっている。ところが特定の宗教教団に所属しているという意識が全体に乏しいことから、無宗教という言い方をよく使う。ただそこには近代化の影響もあり、それについては後で述べる。

もう一つ、日本の宗教について強調しておかなければならないのは、宗教的な伝統が長く受け継がれてきている点である。

土着の信仰である神道は古代以来、数千年の歴史を経ている。外来の仏教も6世紀前半に伝えられて以来、すでに1500年近いあいだ日本人の信仰を集めてきた。日本に伝えられた仏教は大乗仏教だが、これだけ確固とした形で大乗仏教を受け継いでいる国はほとんどない。そして神道と仏教は、その長い歴史のなかで融合し、日本人の精神文化のなかに深く根を下ろしている。

一方で、キリスト教やイスラム教といった一神教にかんしては、他の国に比べてそれほど浸透しているとは言えない。キリスト教は、とくにインテリ層を中心に文化的に影響を与えてきたものの、信者の数は現在でも人口の1パーセントを下回り、先進国のなかで、これほどキリスト教徒の割合が小さい国はほかにない。イスラム教については、イスラム教徒と結婚でもしないかぎり、その信仰をもつことはほとんどない。

神道と仏教が深く結びつき、社会階層全体に浸透してきたからこそ、一神教が取り入れられる余地がなかったと言える。一神教をほぼ排除してしまった宗教的な環境は、世界のなかでも珍しい。

神道については、いったいいつからはじまるものなのか、その時期を特定することは難しい。文字資料が欠けていることが決定的だが、それは他の地域の土着宗教についても共通して言える。8世紀に成立した「古事記」や「日本書紀」には、日本列島の創造にもかかわる神話が語られているが、政治的な面からの修正も施されており、そこから神道の生み出されてきた過程をたどることは難しい。

考古学的な資料にしても、必ずしも古代の日本人の宗教生活を明らかにしてくれるわけではない。たとえば、古代の人々の信仰にかかわるものとして「土偶」が存在するが、土偶がいったいどういう用いられ方をしたのか、それが当時の人々の信仰とどのようにかかわったのかについては、まだ定説は存在しない。

弥生時代の吉野ヶ里遺跡などは復元が進められ、そのなかには神殿と考えられる建物も含まれている。ただし神道の最初期の段階では、屋内で祭祀を行うのではなく、屋外に臨時の祭場をもうけて、そこで祭祀を行った可能性が高く、古代の吉野ヶ里に現在復元されたような形の神殿があったかはかなり怪しい。

日本の神道の中心である伊勢神宮では、7世紀の終わりから20年に一度遷宮が行われている。その伝統は途中戦乱などによって途絶えたこともあるが、今日にまで受け継がれてきた。

しかし、遷宮によって建て替えられる神殿が古代の様式をそのまま保っているわけではない。中世から近世にかけて描かれた各種の「伊勢参詣曼荼羅」を見ると、社殿は壁を白く柱は朱に塗られており、一般の社寺の建物と変わらない。また、内宮や外宮は二棟ないし三棟の社殿が連なった形になっており、今日とは形態が違う。古代以来の伝統とされるものは、近世以降に「復古」という形で新たに作り出されたものなのである。

神道が一つの宗教として体系性をもち、組織化されていくのは仏教の影響を受けたからである。それは神道の教義を作り上げたのが、仏教側の人間たちであったところに示されている。

その結果、神道と仏教とはその役割を分担しつつ、深い結びつきをもっていくことになる。その事態をさして「神仏習合」と呼ばれるが、同じ境内のなかに神社と寺院が併存したり、神と仏が融合して、日本に独自な信仰対象が生み出されたりした。八幡権現や蔵王権現など、「権現号」をもつものがその典型だが、そうした存在を信仰対象とする宗教的な実践が修験道である。修験道は、神仏習合の信仰の上に成立した。

中国の最新流行に学ぶ

日本の仏教は最初、百済から公式に伝えられたものの、それ以降はむしろ中国からの影響を強く受けながら発展をとげていく。基本的な流れとしては、中国で流行している最新の仏教が伝えられ、それが日本でも広まっていったと見ることができる。

日本に仏教が伝えられた時代には、まだインドでも仏教は栄えていた。しかし距離的に遠いということもあり、インドから直接仏教の教えを取り入れようとする動きはほとんど生まれなかった。

それでも、中国に滞在していたインドの僧侶が日本にやってくることもあった。東大寺の大仏開眼供養の際に、その導師をつとめた菩提僊那《ぼだいせんな》はインド僧であった。また、日本でもっとも広く読まれている仏典「般若心経」のサンスクリット語の原本はインドに残されておらず、日本の法隆寺にのみ伝えられている。ほかにも稲荷と習合したダキニーのように、ヒンズー教の神々が日本に取り入れられたような例はある。

中国から日本に伝えられた仏教は、最終的に五層構造をとることになった。

基層には、飛鳥時代から奈良時代にかけて伝えられた南都六宗（三論宗・成実《じょうじつ》宗・法相宗・倶舎《ぐしゃ》宗・律宗・華厳宗）の仏教がある。それは国家仏教としての性格をもつとともに、専門の僧侶が学問的な研鑽を重ねる学問仏教としての性格をもった。

その上に、「法華信仰」が取り入れられた。法華信仰は「法華経」自体への信仰を核とするもので、すべての衆生の救済を説くところに特徴があった。聖徳太子が執筆したとされてきた「法華義疏《ぎしょ》」は「法華経」に対する注釈書であり、太子は「法華経」の講義を行ったとも伝えられている。「法華義疏」は実際には太子の著述ではない可能性が高いが、こうした話が作られたのも、仏教の伝来当初から法華信仰が重視されていたことの反映である。

法華信仰はその後も受け継がれ、最澄の開いた天台宗では法華信仰がその核にある。また、平家一門が安芸の厳島神社に奉納した「平家納経」は「法華経」が中心になっていた。さらに、鎌倉時代には日蓮が「法華経」にこそ釈迦の真実の教えが示されていると主張し、それは法華宗（現在の日蓮宗）という新たな宗派の成立に結びついた。その影響は近代にまでおよび、天皇を世界の中心に位置づける皇国史観と法華信仰を合体させた「日蓮主義」や、戦後の創価学会にまで受け継がれていく。

法華信仰の後に日本に取り入れられたのが密教である。奈良時代から「雑密」とも呼ばれる初期密教が日本に伝えられ、密教関係の仏典の請来や仏像の造像も行われていたが、中期密教を体系的な形で伝えたのが、9世紀のはじめに唐に渡った最澄であり、空海であった。

とくに空海は、唐の都長安で真言密教の正統的な継承者である青龍寺の恵果《けいか》に学び、多くのものを日本にもたらした。最澄も唐に滞在中に密教の重要性に気づいたが、十分なものを日本にもちかえることができなかった。空海の真言宗に比べて密教受容の面で劣勢に立たされた天台宗では、その後円仁や円珍が入唐《にっとう》し、改めて密教を請来している。

その結果、密教は日本の仏教界を席捲した。密教は国家鎮護や現世利益をもたらす具体的な方法を示しており、貴族層を中心に大きな期待を集めることになる。また神秘的な要素をもつことから土着の信仰と習合する傾向も強く、そこからは修験道の信仰が作り上げられていく。本来密教とは関係をもたないはずの禅宗や日蓮宗などでも、やがては密教が取り入れられていった。奈良の南都六宗でさえ密教の影響を受け、薬師寺などでは今日でも護摩を焚く密教の儀礼が実践されている。

下から四番目の層が、平安時代末期から流行する浄土教信仰で、その背景には「末法思想」の流行があった。末法思想はインドにはなく中国で発達した考え方で、仏の教えのみが存在し、修行しても悟りに至れない時代のことをさしている。日本では永承7（1052）年から末法の時代に入ったと認識され、天変地異や戦乱などもあり危機意識が高まった。

そのなかで、阿弥陀仏の住まう西方極楽浄土へ往生することをめざす浄土教信仰が盛んになっていった。浄土教信仰の核となる念仏は、最初密教の行である念仏行として円仁によって伝えられるが、鎌倉時代に入ると、法然が念仏以外の行を必要としない「専《せん》修《じゅ》念仏」の教えを説き、浄土教信仰が民衆にまで広がっていく端緒が切り開かれた。それは、浄土真宗の開祖となる親鸞に受け継がれていく。

最後の一番上の層が禅である。座禅の方法自体については中国天台宗を開いた智顗がその著書のなかでふれていたが、鎌倉時代以降、中国から数多くの禅僧が来日し、また日本の禅僧が中国にわたることで、禅は広がりを見せていった。

ただし密教や浄土教信仰とは異なり、禅は武士や文人などには広まったものの、現世利益的な側面が薄いため庶民層には広まらなかった。それでも禅は茶道や華道、武士道などに影響を与え、日本独自の文化の形成に大いに貢献していく。

からみあう神道と仏教

このように、中国から伝えられた仏教は五層構造をもつ厚みのあるものとして日本に定着した。その背景には中国との活発な交流があったものの、中国で仏教が衰退の方向にむかってからは、日本の仏教も新たな流行を取り入れることができなくなり、その面では停滞した。

しかし、一方では神道と仏教とが融合した神仏習合の信仰が生まれ、それが日本に独自な宗教文化を築き上げていくことに貢献した。

仏教が伝えられた当初の段階では、その受容の是非をめぐって蘇我氏と物部氏が争ったということも伝えられている。だがこうした対立はその時にかぎられ、それ以降は仏教を移入することに抵抗は生まれなかった。仏教の背後には、日本よりもはるかに歴史が古い中国の高度な文明があり、仏教の受容が優れた文明の摂取という意味合いをもったからである。

神仏習合の具体的なあらわれとしては、8世紀のはじめからはじまる「神宮寺」の建立という動きがあった。これは神社の境内に仏教寺院を建立するもので、「神願寺」や「神護寺」などとも呼ばれる。寺院に所属する僧侶は、神前で読経や加持祈禱を行った。神宮寺は、廃仏毀釈で軒並み衰微したが、鶴岡八幡宮の鶴岡八幡宮寺などがそれにあたる。

この背景には、たとえ神であっても苦の問題で悩み、仏の力によって解脱したいという願望をもっているとする考え方があった。「僧形八幡神《そうぎょうはちまんしん》」といった僧の姿をとった神像が作られるのも、その考え方による。またそれとは反対に、寺院の境内に神社が祀られ、神々が仏法を守護するとする「護法善神」の考え方も広まった。

さらに、こうした考え方を発展させて生まれたのが「本地垂迹説《ほんじすいじゃく》」である。これは、仏教の仏が衆生をあまねく救済するために仮に神道の神の姿をとって現れたとする考え方で、そうした神には八幡大権現のように権現号が与えられた。

この本地垂迹説からは、それを絵画的に表現した各種の「宮曼荼羅」が作られるようになっていく。これは、神社の境内を描き、そこにその本来の姿で本地となる仏を添えるもので、たとえば春日大社なら春日曼荼羅が作られた。本地垂迹説が確立されることで、仏と神、仏教と神道とは相互依存の関係におかれ、両者は対立することなく調和した関係を築き上げていく。

後に神道の側からは、日本の神を本地として仏を仮の姿をとったものとしてとらえる「神本仏迹説《しんぽんぶつじゃく》」も唱えられる。どちらにしても神仏習合の考え方は近代になるまで受け継がれ、神道と仏教とは分かち難く結びついていった。

神仏習合の思想にもとづく具体的な宗教的実践となったのが、平安時代から盛んになる「修験道」である。神道では山を神聖な空間とし、そこにある磐座《いわくら》で祭祀を行う伝統があり、そこから山岳修行者が現れた。彼らはとくに密教の考え方を取り入れ、山岳地域での修行を通して神秘的な力を身につけたと主張するようになる。それが修験者であり、彼らは出家しない在家の宗教家として活動し、加持祈禱を行うなど民衆の救済にあたった。

僧侶は最初、正式に出家し得度するには国家の許可を必要とし、宗派ごとにその数は定められていた。そうした許可を得ないで出家した者は「私度僧」と呼ばれ、正式な僧侶とは見なされなかった。

だが時代が進むにつれて国家による統制はきかなくなり、それぞれの宗派や寺で出家し修行した者が僧侶として社会的にも認められるようになる。さらに鎌倉時代の親鸞のように妻帯し、子どもをもうけ、俗人と同じような生活を営むことに意義を見いだす僧侶も現れ、在家主義の傾向がより強くなっていく。

仏教が伝えられた当初の段階では、僧侶が葬儀を担うことはなかった。しかし浄土教信仰が広まるなかで、僧侶が貴族の死後の供養を行うようになり、しだいに仏教と葬儀との関係が密接なものになっていった。鎌倉時代になると、禅宗において今日行われている仏教式の葬儀の基本的な形式が確立され、それが他の宗派にも広まっていく。

そこには儒教の影響もあり、祖先崇拝の考え方がとりいれられた。仏壇は本来それぞれの宗派の本尊を祀るものだが、そこに先祖の位牌を祀る慣習が確立されていく。こうした経緯を経て、いわゆる「葬式仏教」が成立した。その意味では、神仏習合とともに儒教と仏教が融合した「儒仏習合」という事態も進行したことになる。

葬式仏教が一般の民衆にまで広まるのは、江戸時代に入ってからのことである。江戸幕府は当初、禁教としたキリシタンや日蓮宗の不受不施《ふじゅふせ》派でない証として、村のなかにある菩提寺の檀家になることを強制する「寺請《てらうけ》制」を設け、やがてその対象は村人全体に及ぶようになった。

寺請制は結果的に神道や儒教と習合した仏教の信仰を民衆に広めることに貢献し、葬儀は檀家になっている檀那寺に依頼するという慣習が成立し浸透する。村には檀那寺の他に地域の信仰を集める氏神が祀られ、村人は仏教と神道の双方に同時にかかわることとなったのである。

廃仏毀釈が生んだ無宗教と新宗教

日本は島国であり、辺境に位置しているという地理的な特徴がある。他国と国境を接していないことから侵略を受けることがなく、異民族による支配や王朝の交代ということが起こらなかった。そのため、神道や仏教以外の宗教を信仰する王朝の手によって異なる信仰が強制され、伝統的な信仰が排斥されるという事態に至っていない。それは神仏習合の信仰が継承されることに結びつき、独自の宗教文化が花開くことになった。

キリスト教についていては、16世紀にポルトガルから伝えられ、各種の修道会が宣教活動を行うことによって一時は広がりを見せる。しかし、朝廷なり幕府なりといった日本全体の支配層がキリスト教に改宗せず、禁教の政策がとられることでキリスト教徒は取り締まりの対象となり、一部が「かくれキリシタン」となったほかは日本から一掃された。イスラム教にかんしては、近代になるまで日本に伝えられることさえなかった。

その点では、明治時代に入っての近代化のはじまりは、はじめて神仏習合の体制に大きな打撃を与え、宗教環境の変容を迫ることになる。

明治維新を推進し徳川幕府に代わって国政を担うようになった明治新政府において、当初大きな力をもったのが国学者で、彼らは復古を理念として掲げ、天皇親政による祭政一致の国家建設をめざした。その際に、神道と仏教とが融合した神仏習合の信仰体制は復古主義に合致しないため、排撃の対象となり、神仏分離が促進された。

これによって神宮寺の廃止や、そこに属する僧侶の還俗といったことが行われたが、それは仏教を排斥する廃仏毀釈に結びつく。多くの寺院がその被害にあい、廃寺になるところさえ出た。また寺院の経営を支えていた寺領が没収され、経営基盤を失うところも出た。それは、葬式による布施に依存する葬式仏教化を促進することにつながっていく。

祭政一致の国家建設という試みはすぐに頓挫するものの、明治時代においては新たに導入された皇室祭祀を実践する天皇が国の中心に据えられ、皇統の正統性を保証するものとして記紀神話が重視された。

やがて制定される大日本帝国憲法では、信教の自由は保障されたものの、「安寧秩序を妨げず」という形で制限が加えられる。神道の祭祀については「宗教にあらず」とされ、伝統的な習俗として国民全体に強制された。これによって日本国民は、習俗としての神道と宗教としての仏教に同時にかかわることとなり、神道と仏教はその役割を分担しつつ併存することとなったのである。

日本に「宗教」という概念が伝えられるのは、明治に近代化がはじまってからのことで、それによって神道と仏教はそれぞれ独立した宗教として認識されるようになる。だが神仏分離を経ても、日本人の多くは双方の宗教とかかわりをもち、どちらか一つを自らの信仰として選ぶことができなかった。やがて無宗教という認識が生まれる背景には、こうした近代化による宗教環境の変化がある。

廃仏毀釈によって、神仏習合の傾向が強い修験道系の宗教は大きな打撃を受けた。それに代わって登場し、民衆の救済にあたったのが、今日で言う「新宗教」である。

新宗教の信仰は元来、神仏習合の形態をもとにしたものではあったが、「国家神道」の体制が築かれていくなかで神道系の体裁をとるようになり、神社神道とは区別される「教派神道」として公認されるようになっていく。黒住《くろずみ》教や天理教、金光《こんこう》教などがその代表である。

なかでも天理教は、警察による度重なる弾圧を受けたものの、明治時代の終わりから大阪などの都市部でその勢力を急速に拡大し、やがては各地に支部教会をもうけていく。

教祖中山みきの自宅から発展した天理教教会本部の中心にある「ぢば」は、人類発祥の地と位置づけられ、多くの信者がそこを訪れるようになる。それは、日本では珍しい宗教都市を生むことに結びついた。

日本が戦争の時代に突入し、植民地建設をめざして大陸に進出するようになっていくと、新宗教のなかにはナショナリズムの傾向を強く打ちだすものが現れる。

大本教《おおもと》（当時。皇道大本とも称した）は大正維新や昭和維新をスローガンに掲げ、皇国主義の運動として影響力をもつようになったが、大正と昭和の二度にわたって弾圧され壊滅的な打撃を被った。また田中智学の国柱会を中心とした「日蓮主義」の運動は、皇国史観と日蓮信仰を結びつけ、知識人や軍人にも支持を広げていった。ただし、日本が戦争に敗れることで日蓮主義自体は影響力を失う。

都市化で廃れる葬式仏教

戦後においては国家神道の体制が崩れ、国家の管理下にあった神社神道は民間の宗教法人へと移行し、新しい日本国憲法のもとでは信教の自由が全面的に保障された。

そうした状況のなかで、昭和30年代に入って高度経済成長の時代が訪れると、産業構造の転換にともなって地方の農村部から都会に出てきた中下層の人間を信者として取り込むことによって新宗教が台頭する。創価学会や立正佼成会、霊友会といった日蓮系、法華系の新宗教は、巨大教団へと発展していった。

創価学会の特徴は現世利益の実現を強く主張したことにあるが、祖先崇拝の観念が希薄である点も特徴的である。他の新宗教の場合には、たとえ同じ日蓮系の教団であっても祖先崇拝の重要性が強調される。その点で創価学会の信仰は極めて都市的なもので、日本人全体の信仰の変容を予感させる部分をもっていた。

都市化が進んだことで、国民の生活スタイルは大きく変わっていく。農村社会においては家のもつ意味が大きく、その家を築いた祖先を祀る祖先崇拝の観念が強く、それをもとに信仰世界が形作られていた。

ところが都市では多くの人間が企業などに雇用されるようになり、個人にとって家のもつ意味ははるかに低下した。家を継承する意味がなくなり、祖先崇拝の観念は薄れていった。それは、都市に住む人々の宗教生活を大きく変容させることになる。

宗教の変容という出来事自体はどの国でも起こる普遍的な現象で、日本だけが特殊なわけではない。しかし多くの国では、外来の宗教が新たにもたらされることで変容が促進される面が強い。日本でも、仏教の伝来はそうした意味をもった。だが、それははるか古代の出来事である。その後、仏教の新しい流れが主に中国から伝えられたものの、新たな宗教が伝えられ、それが国全体の宗教状況を根本的に変化させるという事態は起こらなかった。

とくに、キリスト教の浸透と影響が、それほど大きな規模に達しなかったことの意味は大きい。キリスト教は東洋に発する神道や仏教とは異質な宗教であり、もしそれが日本に広まっていたとしたら、その後の日本の宗教世界は現在とはまったく違ったものになっていたことであろう。

日本人にとって、ユダヤ教からはじまりキリスト教、イスラム教へ受け継がれていく一神教の世界は遠い。仏教を生んだインドの宗教についても、その直接的な影響はそれほど大きくはない。まして、二元論を基本としたイラン系の宗教からはまったく影響を受けていない。

もっとも影響を受けたのは、中国を経由して伝えられた中国仏教だということになるが、求めたのは日本人の側であり、中国仏教を信仰する人々が大挙して大陸から日本にわたってきたわけではない。そして、仏教は土着の神道と習合し独自の発展を示していった。そこにはさらに儒教や道教が影響し、日本人の生活に即した信仰のスタイルが長い時間をかけて確立されていった。

そして、現在の日本人は自分たちのことを無宗教と言いつつ、依然として神道と仏教が混淆した神仏習合的な信仰世界に生きている。結婚式をキリスト教式でやる習俗は広まったものの、それがきっかけでキリスト教の信仰をもつようになる人間もほとんどいない。

ただ最近の重大な変化としては、日本人の信仰の核にあると言われてきた祖先祭祀が衰退の傾向を見せていることが挙げられる。それは必然的に、葬式仏教のあり方に対する批判や、葬儀の簡略化、脱仏教化という方向に結びつく。

しかし、だからといって日本人が宗教の世界、信仰の世界に関心を失ったというわけではない。むしろ、葬式仏教とは区別される仏教の教えや開祖などについての関心は高い。パワー・スポットとしてブームになっている場所にしても、多くは伝統的な神社や仏教の霊場である。

そこには、宗教への関心が個人化したことが示されている。家を基盤とした伝統的な信仰は崩れ、一時は活発に活動していた新宗教も社会運動としては沈静化し、活動は保守的なものになってきた。この信仰の個人化は、先進国に共通した現象である。

終　いま世界の宗教は

宗教回帰の時代

宗教をめぐる状況は、大きく様変わりしてきた。

私が宗教学を学びはじめたのは１９７０年代半ばのことである。その時代、宗教学で一番重要なテーマになっていたのは「世俗化」の問題であった。世俗化の議論においては、宗教が世界的に衰退の傾向を見せていることが前提とされ、その上で、人類は宗教以外の領域においていかに精神性を開拓していくのか、そうした問題が問われた。

しかしその状況は、イスラム教の項目でも述べたように、１９７９年のイランにおけるイスラム革命を契機に大きく変わっていく。すでにその兆しは、１９７３年の「オイル・ショック」のときに示されていた。アラブの産油国が経済力をつけていくなかで、その背景にあるイスラム教に対する関心が生まれる。少なくとも、イスラム教を無視できない状況が生まれつつあった。

だがイスラム革命以降の変化は、まだ１９７０年代には予想ができないことだった。イスラム革命はイスラム教原理主義の台頭を促しただけではなく、それと対立関係におかれた他の宗教においても原理主義を勃興させることに結びつく。それだけではなく、原理主義の台頭は宗教の復興、宗教への関心の新たな高まりを呼び起こすものとなっていった。

もちろん、世俗化という傾向に終止符が打たれたわけではない。先進国においては、日本を含め伝統的な宗教や信仰、あるいは宗教がかかわる習俗は衰退の方向にむかっている。そうした国々では、宗教が一般の人々の精神的な生活に強い影響を与えなくなってきた。

しかし、宗教の台頭、原理主義の勃興という動きが見られるようになった１９８０年代以降、グローバル化や高度情報化が飛躍的に進み、それによって国民国家という枠組みが揺らぎを見せている。あるいは新興国の経済的な台頭もあり、世界経済はくり返しバブルの洗礼を受け、各国は財政危機と長期にわたるデフレに直面した。それは国家に対する信頼を失わせることに結びつき、逆に宗教に依存しようとする傾向を強化している。

宗教には、信仰を核として人々を結びつけ、社会的な絆を与える役割がある。その意味で、国家に代わって宗教がセイフティーネットの役割を果たすようになってきたとも言える。先進国で、既成の宗教の衰退と反比例する形でスピリチュアル・ブームが起こっているのも、宗教的なものに精神の拠りどころを求めようとする人々が、依然として少なくないからである。

クリスチャン＝原理主義

「原理主義」という用語にかんしては、1970年代に刊行された宗教や宗教学についての事典類では、項目自体が存在しない。それだけ、この用語の歴史が浅いことを意味する。一般には「イスラム教原理主義」という形で、イスラム教に特有の現象としてとらえられているが、はじめに原理主義という用語が適用されたのは、アメリカのキリスト教に対してであった。

アメリカには、保守的なキリスト教の信奉者として「福音派」と呼ばれる人たちがいる。彼らは聖書の説くところに忠実であろうとし、神による創造を否定する進化論を学校で教えることを認めなかったり、「産めよ増やせよ」という神の教えに反していると して、人工妊娠中絶に反対する立場をとってきた。そうしたキリスト教徒の勢力をさして、原理主義という言い方がされるようになったのが最初である。

この福音派は現在のアメリカでは主に中西部に多く、とくに「プアーホワイト」と呼ばれる比較的貧しい白人層に広がっている。その存在が注目されたのは、彼らがレーガンやブッシュ父子といった共和党の大統領を当選させることに大いに貢献したからである。一般のそれほど信仰に熱心ではないアメリカ人は、彼らのことを「クリスチャン」と呼ぶ。アメリカにおけるクリスチャンとは、たんにキリスト教徒のことを意味するのではなく、福音派の信仰をもつ保守的な信者のことをさしている。

イスラム教において宗教の復興の動きが生まれ、とくにイスラム革命を通して、アッラーの定めたイスラム法のシャリーアに忠実であろうとする人々が誕生すると、このキリスト教のなかから生まれた原理主義の用法がイスラム教にも応用され、そこからイスラム教原理主義という言い方がなされるようになる。

中東のイスラム諸国では、産油国になることで経済的な豊かさを実現したものの、かえって社会的、経済的な格差は拡大し、不平等を放置する政治体制に対する不満が生まれ、そこから過激派が台頭した。彼らは暴力的な手段に訴え、ときにはテロ行為に走る場合も出てきた。

ソ連（当時）によるアフガニスタン侵攻が行われた際には、共産主義の侵略を阻止しイスラム教を守るために各国から義勇兵がアフガニスタンに集まり、ソ連に対抗する。こうした義勇兵をアメリカなどが支え、武器などの提供も行った。その結果、ソ連はアフガニスタンからの撤退を余儀なくされ、それがひいてはソ連の解体に結びついていったものの、戦闘に勝利した義勇兵たちは祖国には受け入れられず、むしろ社会秩序を脅かす危険な存在として排除の対象になった。

元義勇兵たちは過激派に集結し、自分たちを排斥した祖国や、その背後にあるアメリカを攻撃するようになる。その代表が、アメリカでの同時多発テロの首謀者と目されてきたビンラーディンである。彼らが各国でテロをくり返したことで、イスラム教原理主義は、世界平和を脅かすものとして警戒されるようになった。ただし、シャリーアに忠実であろうとするイスラム教徒の大半は穏健な勢力であり、過激派はごく一部にとどまっている。

イスラム教原理主義が台頭した地域においては、イスラム教以外の宗教を信仰する人々との対立が起こり、それぞれの宗教が原理主義の傾向を帯びていくといった動きも生まれた。その結果、ヒンズー教原理主義や仏教原理主義の運動が台頭し、それが宗教間の対立をより深刻なものにしていった。

アメリカで同時多発テロが勃発した2001年の時点では、この事件によって世界の枠組みが根本的に変化し、21世紀は宗教的なテロの時代だとも言われるようになる。アメリカなどはアフガニスタンやイラクで反テロ戦争を展開し、十字軍以来のキリスト教とイスラム教の宗教対立が再燃したというとらえ方もなされた。

一方では、グローバル化が進むことで、ヨーロッパ諸国ではイスラム教徒の移民が増加している。移民たちは、移民した国で差別を受け社会的に不安定な立場に追いやられることで、同じ宗教をもつ者同士で結束し、イスラム教の信仰をより強くもつようになっていった。

それは移民先のキリスト教徒との対立関係をより鮮明なものとし、衝突を引き起こすことにもつながった。とくにフランスのように厳格な政教分離の政策（「ライシテ」と呼ばれる）をとっている国では、イスラム教徒の女性が学校などでスカーフをかぶることを、信仰の過度な誇示として禁じ、それがイスラム教徒の反発を招いたりしている。

対立を起こさない仕組み

「はじめに」でもふれたように、宗教の世界における原理主義の台頭を背景に、1990年代の末期には経済の分野で「市場原理主義」という言い方が成立する。

これは、市場には神の見えざる手が働いていて、規制のない自由な市場さえ実現されれば、経済はもっとも好ましい状態に落ち着くという考え方である。それは、市場の解放や小さな政府の実現といった方策を後押しすることになるが、同時に、ユダヤ・キリスト教の世界では神の万能性に対する信仰が、現代においても依然として受け継がれていることを意味する。

市場原理主義の信頼性に対しては、サブプライム・ローンの破綻や2008年の「リーマン・ショック」によって疑いの目が向けられるようになるが、飛躍的な経済発展を遂げてきた新興国においては、宗教が新たな形で注目されるようになってきた。

一つは、経済格差の拡大を背景とした新宗教の流行という現象である。

その代表が、中国の宗教の項目でも述べた法輪功である。法輪功はまたたくまに信者の数を増やし、組織に対する誹謗中傷に抗議して中国共産党の要人が住む中南海を包囲したことから厳しい弾圧を受けた。この法輪功に集まってきたのは、経済発展がもたらした格差の拡大によって苦境に立たされていた人々であった。

あるいは中国と同様に経済発展が著しいブラジルは、元来カトリックの信仰が強く、南米におけるバチカンの牙城とされてきた。しかし「はじめに」でもふれたように、昨今では信仰治療や現世利益の実現を強調するプロテスタントの福音派が勢力を拡大し、バチカンに危機感をもたらしている。ローマ教皇ベネディクト16世が就任から間もない時点でブラジルを訪れたのも、その危機感のあらわれにほかならなかった。

日本では、戦後の高度経済成長の時代に日蓮系、法華系を中心に新宗教がその勢力を拡大し、巨大教団へと発展していったが、それと同じことが現在の新興国でも起こっていることになる。

日本の新宗教も、創価学会の国際組織であるＳＧＩ（創価学会インタナショナル）やブラジルにおける生長の家など、海外で勢力を拡大しているところがあるが、その背景にはやはり経済成長がある。ただし日本の新宗教の場合には、現地の人間のもともとの信仰を否定せず、その点では、宗教としてよりも精神性を追求する文化運動として浸透している面がある。

もう一つ、アラブ諸国においては、産油国として経済発展が起こり、中産階級が勃興するとともに少子化が進んだ結果、イスラム教原理主義過激派を信奉する若者が減少し、それが結果的にテロの沈静化を引き起こすこととなった。経済発展による恩恵に浴することができるなら、あえて自らの命を犠牲にしてまでテロ行為に走る必要はないからである。

先進国においては、それぞれの国の既成宗教は社会的な影響力をしだいに失ってきた。

ヨーロッパでは教会離れが進み、聖職者が常駐していないキリスト教の教会も増えている。だが、生命倫理の問題に対するバチカンの保守的な姿勢に見られるように、宗教が依然として社会に一定の影響力をもち、科学の無制限な発展に対する歯止めの役割を果たしていたりする。

また既成の宗教への関心は薄れても、「宗教的なもの」への関心は消えていない。むしろ、新しい精神的な運動への関心が高まっている。仏教については、かつては欧米の知識人層が禅に対して関心をもったが、現在ではチベット仏教への関心の方が高い。ダライ・ラマ14世をはじめとしてチベットから亡命した僧侶たちが世界に散り、その教えを先進国の人々に伝えてきたからである。オウム真理教の事件なども、チベット仏教の世界的な広がりと決して無縁ではない。

これからもグローバル化や高度情報化の流れは衰えることなく、世界情勢を変化させていくことであろう。世界経済はますます不安定化していく危険性もあり、人々の安定した暮らしの実現を阻むかもしれない。そうした状況のなかで、宗教が一定の、しかも重要な役割を果たしていくことは間違いない。

改めて現在の日本の宗教について考えてみるならば、その動向は安定化、日常化の方向にむかっているように見える。宗教は生活のなかに深く根づき、だからこそ日本人は、ことさら宗教と自分たちとのかかわりを意識化することが少ない。そして無宗教を標榜し、特定の宗教に対する信仰をもたないことに、むしろ安心感を見いだしている。

特筆すべきことは、これだけグローバル化が進み、その波は日本にも押し寄せているにもかかわらず、日本では宗教をめぐる対立や衝突が起こっていない点である。その際に、日本人が無宗教の姿勢をとっていることの影響は大きい。

日本人は無宗教であるがゆえに、海外からやってきた人々と相対したときも、自分たちの宗教を強制しようとしたり、他の宗教を排斥しようとしたりはしないのである。それに対応し、日本に入ってきた海外の人々も自分たちの宗教を軸に結集する必要をそれほど感じることがない。だからこそ、宗教をめぐる対立が起こらないと言える。

キリスト教国やイスラム教国では、それぞれの宗教の信者としての自覚が国民のなかにあり、異なる宗教をもつ人々と相対したときには、自分たちの宗教の価値を強調したり、他者の宗教に対してそれを蔑視したりする傾向が生まれやすい。そのことが、宗教をめぐる対立を強化する方向に作用している。

その点で、日本人の無宗教という姿勢は、いかにして宗教をめぐる対立を抑えるかという点にかんして一つのヒントを与えている。

先進国ではのきなみ宗教離れが進んでおり、ある意味、日本とそれほど変わらない状況にむかっている。それがもし無宗教への流れとなっていくならば、宗教対立を引き起こさない仕組みが、それぞれの国のなかに生まれていくかもしれない。それは未知数だが、宗教間の対立を生み出さないことこそが、世界を平和へと導いていく重要な要素であることは間違いないのである。

おわりに

いったい宗教とは何か。

世界の宗教についてその概略をたどった末に、改めてその問いが私たちに迫ってくる。

日本人は、宗教をこころの問題としてとらえる傾向が強い。そこには、こころを中核に据え、こころの解放をめざすことで救いを実現しようとする仏教の強い影響がある。仏教は、日本の宗教についての章でも示したように、日本の文化のなかに深く根差し、現代の私たちにも強い影響を与えている。

しかも、日本人は仏教の思想に強く影響されながらも、仏教の信者である仏教徒としての自覚には乏しく、むしろ無宗教を標榜する。日本人の言う無宗教は、決して無神論でもなければ宗教否定でもない。

それに、都市においてはその数が減りつつあるとは言え、特定の寺の檀家になっている人間も少なくない。檀家であるということは、その宗派の信徒であることを意味する。にもかかわらず、自分たちが仏教の教団に所属しているという意識には乏しく、海外に出て改めて信仰について問われないかぎり、自分は仏教徒であると表明することもない。

自らを無宗教と規定することによって、日本人は、自分たちと特定の宗教教団に所属している人間とを区別しようとする。この場合の宗教教団とは、神道や仏教の既成教団のことではなく、たいがいは新宗教の教団のことをさしている。新宗教に救いを求め、教団にすがる人間は、そのこころに弱さを抱えている。私たちは、そういう判断を下すことが多い。

だが、世界の宗教を概観してみるならば、宗教が決してこころの次元にのみかかわるものではないことは明らかである。

たとえば、世界の政治的な指導者は自らの信仰を公にしている。共産主義の政権下でもなければ、指導者が信仰をもたないことはかえって国民の不信を招く。芸術や芸能の分野で活躍している人間も、スポーツ界の偉大な選手たちも、自らの信仰を隠そうとはしない。ポピュラー音楽のヒットメーカーたちは、歌詞のなかに宗教的なメッセージを盛り込む。ホームランを打った大リーガーやゴールを決めたサッカー選手は、そのたびに天を仰ぎ、神に感謝を捧げる。

宗教は決して、こころに弱さを抱えた人間だけがすがるものではない。

先進国では信仰率が下がり、神の実在を否定する無神論者や、宗教にほとんど関心をもたない人間も増えてはいる。だが、総人口に占める信仰者の割合が9割を超える国もあるし、6割を下るような国はかえって珍しい。日本では3割以下で、この数字が例外的だとも言える。日本人の場合には、本文中でも述べたように、宗教の世界と深くかかわっていながら、信仰している自覚に乏しいという特殊な事情がある。

宗教は日本を含め、どの国、どの民族においても社会に深く根差し、それぞれの国や地域における歴史と密接な関係をもっている。宗教は権力とも強く結びつき、ときには支配を正当化する役割を果たす。政治や経済とも密接不可分で、思想や哲学の分野においても、宗教を無視することはできない。宗教は世界観や道徳、倫理の原則を示すもので、その宗教を信仰する人々のものの見方や価値観を規定する。

人類社会のなかには、文字をもたない民族はある。だが、宗教をもたない国もなければ民族もない。人類の最初期の社会において、いかなる宗教が信仰の対象となっていたかは定かではないが、権力が台頭し社会が一定のまとまりをもつようになると、必ずや宗教が力をもつようになり、人々の暮らしに強い影響を与えるようになる。

日本においても当然ながら、宗教を抜きにして歴史を語ることも、政治経済の問題を考えることも、そして思想を跡づけることもできない。

そのもっとも鮮やかな例としては、美術史を考えてみればいいだろう。日本の美術史を概観した本を眺めてみれば、そこで紹介される作品の多くは宗教美術、とくに仏教美術である。その傾向は、歴史を遡ればより顕著になっていく。奈良時代から平安時代を経て鎌倉時代に至るまで、古代から中世にかけての日本美術史は日本宗教美術史にほかならない。もし宗教美術、仏教美術を排除してしまったら、日本の美術史そのものが成り立たない。

それは、仏教という宗教が、いかに日本社会に深く浸透し、日本人の暮らしを形作ってきたかを意味する。仏教が日本に伝えられなかったとしたら、あるいは仏教が徹底的に排斥されたとしたら、日本は今とはまったく違った姿をとっていたことだろう。すでに述べたように、近世以降にキリスト教が広まっていたかもしれない。そうなれば、果たして日本は長く独立を保つことができたのかどうか、その点も怪しくなる。

宗教は人間の文化そのものであり、人間を動かす原動力でもある。それは、人間が生きるということにも死ぬということにも深くかかわり、ときには人間を想像もできない領域にまで駆り立てていく。宗教的な情熱が点火されたとき、そこには予期しない出来事が巻き起こる。信仰のためなら、人は死を恐れなくなり、自らを犠牲にすることさえ厭わない。そして宗教的な大義は、他者を犠牲にすることさえ正当化する。宗教をめぐる対立や戦争は、いくたびくり返されても消えていくことはない。

しかも、宗教は消滅することがない。現代におけるイスラム教がそうであるように、衰えたかに見えた宗教が何かのきっかけで復興し、ふたたび強い力をもつことがある。イランの宗教の項目でふれたマニ教の場合には、宗教としては珍しく消滅への道をたどったが、そこに育まれた善悪二元論は、異なる宗教のなかで再生されたりもした。宗教は、たとえ教団が消滅し信者が一掃されても、思想としては後世に残る。一度この世に出現した宗教は、何らかの形でその痕跡を残すのである。

グローバル化や高度情報化が進む現代の社会においても、宗教は重要な役割を果たす。経済の発展は、どの国、どの社会においても、個人を支えていた共同体を解体し、個人化の傾向を推し進める。だが人間は、他者との絆をもたなければ生きていくのが難しい。そうした状況のなかで、宗教の果たす役割は依然として大きい。現代においても、宗教の問題は極めて重要な事柄として私たちに迫ってきている。

最後に、この本と合わせて読まれることで、世界の宗教についての理解が深まる本をあげておこう。

ミルチア・エリアーデの『世界宗教史』（島田他訳、ちくま学芸文庫）全8巻については、すでにふれた。一冊の本でということであれば、岸本英夫編『世界の宗教』（原書房）があげられる。また、世界の宗教を日本人がどう見るかということでは、中村圭志『信じない人のための〈宗教〉講義』（みすず書房）が参考になる。

個別の宗教についてより深く知りたいというのなら、現在も刊行が続いている山川出版社の『宗教の世界史』のシリーズには最新の研究成果も盛り込まれている。この本でも、ユダヤ教にかんしては、その7巻、市川裕『ユダヤ教の歴史』を参考にした。

イスラム教については、井筒俊彦『イスラーム文化』（岩波文庫）が格好の概説になっているが、それもイスラム教が日本人にとって遠い宗教であるからこそ客観的な説明ができたとも言える。こうした視点から世界の各宗教についての概説がなされれば、読者には大変役に立つはずだ。

仏教については、三枝充悳『仏教入門』（岩波新書）がある。入門書としてはかなり高度だが、インドにおける仏教の展開について詳しい。日本の仏教にかんしては、末木文美士『日本仏教史』（新潮文庫）が興味深い視点を提供してくれる。

映画にもなったウンベルト・エーコの小説『薔薇の名前』（河島英昭訳、東京創元社）は、中世カトリックの世界を生き生きとした姿で伝えてくれるが、著者が学者でもあるだけに、キリスト教そのものの理解にも役立つ内容になっている。

拙著『教養としての世界宗教事件史』と『教養としての日本宗教事件史』（ともに河出ブックス）では、巻末に参考文献を掲げているので、合わせて参照して欲しい。

二〇一一年三月

島田　裕巳

島田裕巳　1953（昭和28）年、東京生まれ。宗教学者、文筆家。東京大学人文科学研究科博士課程修了。『創価学会』『相性が悪い！』『葬式は、要らない』など幅広い分野に著書多数。

Ⓢ新潮新書

415

世界《せかい》の宗教《しゅうきょう》がざっくりわかる

著　者　島田裕巳《しまだひろみ》

2011年4月20日　発行

発行者　佐藤隆信

発行所　株式会社新潮社

〒162-8711　東京都新宿区矢来町71番地
編集部（03）3266-5430　読者係（03）3266-5111
http://www.shinchosha.co.jp

印刷所　株式会社光邦

製本所　株式会社植木製本所

ISBN978-4-10-610415-2　C0214

価格はカバーに表示してあります。

Ⓢ新潮新書

072 創価学会 島田裕巳

発足の経緯、高度成長期の急拡大の背景、公明党の役割、組織防衛の仕組み、そしてポスト池田の展開――。国家を左右する巨大宗教団体の「意味」を、客観的な視点で明快に読み解く。

378 テレビの大罪 和田秀樹

日本人の命を奪い、格差を広げ、医療崩壊を招き、教育を損ない、高齢者を貶める――。蔓延する「テレビ的思考」を精神分析してみれば、すべての元凶が見えてきた！

383 イスラエル ユダヤパワーの源泉 三井美奈

人口わずか七五〇万の小国は、いかにして超大国アメリカを動かすに至ったか――。四年の取材で迫ったユダヤ国家の素顔と、そのおそるべき危機管理能力、国防意識、外交術とは！

404 迷える者の禅修行 ドイツ人住職が見た日本仏教 ネルケ無方

ドイツで坐禅に出会い、悟りを求めて日本で出家。この国の仏教に失望しながらも、ようやく辿り着いた、自給自足・坐禅三昧の修行生活。日本人が忘れた「本物の仏教」がここにある！

406 エコ論争の真贋 藤倉良

温暖化は人間のせいじゃない？ レジ袋はどんどん使うべき？ クジラを食べてはいけないの？ 混迷を極める環境問題の主要テーマを、科学者の視点から公正かつ簡潔にナビゲート！